U0017644

美國東方航空401班機事件，成為後世經典教材。圖為該公司同型的L-1011洛克希德三星式客機，於嚴寒氣候中啟動引擎的畫面，攝於1978年的多倫多。（圖／Gary Vincent授權使用）

三星式客機剛問世、剛進入美國東方航空，就摔掉一架嶄新的客機，引發震驚。圖中可見東方航空第一批三星客機的白色塗裝及機身細節（與失事班機相同）。（圖／Scott Leazenby, www.norebbo.com授權使用）

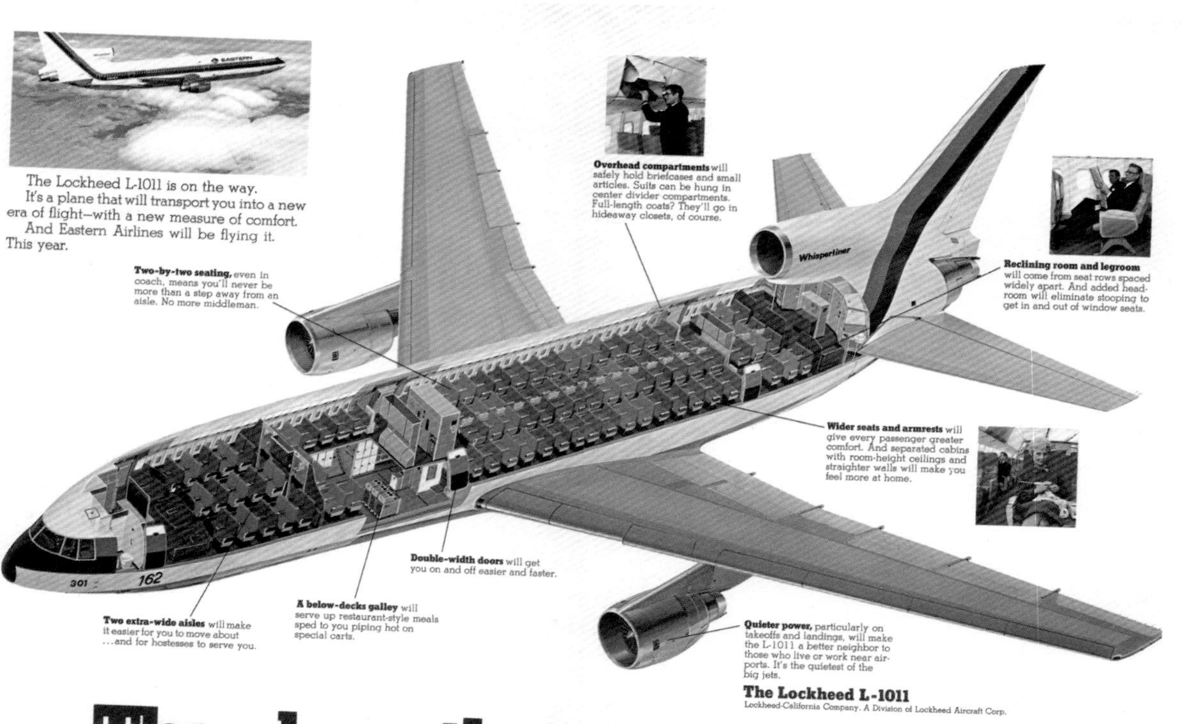
The Lockheed L-1011 is on the way.
It's a plane that will transport you into a new era of flight—with a new measure of comfort.
And Eastern Airlines will be flying it.
This year.
Two-by-two seating, even in coach, means you'll never be more than a step away from an aisle. No more middleman.
Overhead compartments will safely hold briefcases and small articles. Suits can be hung in center divider compartments. Full-length coats? They'll go in hideaway closets, of course.
Whisperliner
Reclining room and legroom will come from seat rows spaced widely apart. And added headroom will eliminate stooping to get in and out of window seats.
Wider seats and armrests will give every passenger greater comfort. And separated cabins with room-height ceilings and straighter walls will make you feel more at home.
301
162
Double-width doors will get you on and off easier and faster.
Two extra-wide aisles will make it easier for you to move about ...and for hostesses to serve you.
A below-decks galley will serve up restaurant-style meals sped to you piping hot on special carts.
Quieter power, particularly on takeoffs and landings, will make the L-1011 a better neighbor to those who live or work near airports. It's the quietest of the big jets.
The Lockheed L-1011
Lockheed-California Company. A Division of Lockheed Aircraft Corp.
The plane that pampers people.

一九七〇年代早期三星客機未服役之前，東方航空就以該型客機大打廣告，標榜舒適、寬敞的座位，是該公司的旗艦商品。

尖峰航空3701次班機因罕見的飛行員極度不專業行為而墜毀。圖為該公司同款式的CRJ-200型客機，攝於2005年德州達拉斯渥斯堡機場。（圖／Tim Perkins授權使用）

1996年5月，ValuJet的一架DC9-32型客機欲自邁阿密飛往亞特蘭大，卻在起飛後不久起火墜火。圖為該公司另一架同型式的客機，攝於1995年的亞特蘭大機場。（圖／Stéphane Mützenberg 授權使用，掃瞄自幻燈片）

與失事的阿拉斯加航空第261航班同型的MD-83型客機。機尾有微笑人臉圖形的上方，就是水平安定面。該航班因為機件缺乏潤滑，導致水平安定面卡住而失事。（圖／Bill Hough授權使用）

不當節省成本，導致阿拉斯加航空第261航班墜落在加州外海。圖為同款式的阿拉斯加航空MD-83型客機（前景）於1990年代早期在加州聖荷西機場，轉入跑道前的畫面。箭頭所指處即為水平安定面。（圖／Bill Hough授權使用）

阿拉斯加航空第 261次班機全體成員，因為公司不當節省成本而枉死。圖為與失事班機同型的一架該公司MD-83型客機，於2008年攝於拉斯維加斯。（圖／Ian Heald授權使用）

阿拉斯加261班機的飛行員為了救回飛機，曾嘗試使用「水平安定面調整開關」來移動尾翼的水平安定面。圖為同型飛機的駕駛艙，箭頭所指圓圈處即為水平安定面調整開關的概略位置。此圖為2012年12月14日攝於布宜諾斯艾利斯，飛機屬於安地斯區域航空公司（Andes Lineas Aereas）。（圖／Robert Domandl授權使用）

阿拉斯加261班機的飛行員為了救回飛機，曾嘗試使用「微調開關」來移動尾翼的水平安定面。圖為同型飛機的駕駛艙，箭頭所指圓圈處即為微調開關的概略位置。

此圖飛機為Austral Líneas Aéreas航空公司所屬，攝於2012年3月9日阿根廷中部馬德普拉塔市（Mar del Plata）的Astor Piazzolla 國際機場，剛完成C級保養即將退役。攝影者為該公司飛行員暨品質保證部門律師Alejandro Drigani。（圖／Alejandro Drigani-DAD-Baires Aviation Photography授權使用）

「應注意能注意而未注意」可能是1978年太平洋西南航空公司在聖地牙哥上空發生空中相撞的最佳註解。圖為該公司同型的727-200客機，攝於1980年代初期的舊金山國際機場。（圖／Gary Vincent授權使用）

一架自聖地牙哥附近蒙哥馬利機場起飛的賽斯納172型小飛機，於1978年9月在聖地牙哥國際機場不遠處與太平洋西南航空182班機相撞。圖中即為同型式的賽斯納172，攝於2012年的蒙哥馬利機場。（圖／Ludwig Meyer授權使用）

進行儀器飛行考驗時，飛行員必須戴上特製的帽子，讓視線只能看見飛機的儀表，參見本書第五章。圖為在真實的考驗情境下，飛行員的操作情形。本圖獲當事人同意使用。（圖／林建戎提供）

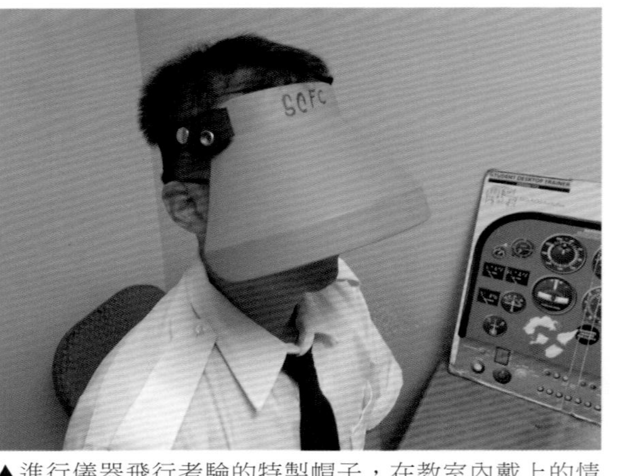

▲進行儀器飛行考驗的特製帽子，在教室內戴上的情景。本圖獲當事人同意使用。（圖／卜君力授權使用）

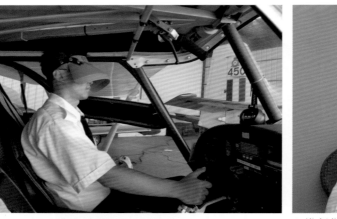

◀進行儀器飛行考驗的特製帽子，由飛行員在地面示範。本圖獲當事人同意使用。（圖／卜君力授權使用）

箭頭所指圓圈處，即為A330客機位於機長側的空速管。法航447班機失事的起點雖是空速管結冰，但後來人為的因素極大。圖為法航同型的A330-203客機降落紐約甘迺迪機場。（圖／Wayne Campbell授權使用）

就是這一架！法航447班機就是這架機身編號F-GZCP的飛機。
誰能想到，這張照片拍攝完畢20多小時之後，圖中的飛機已經躺在深深的大西洋海底？此圖為該機於2009年5月31日抵達戴高樂國際機場的情形。此圖尤其珍貴，因為這是這架飛機最後一次降落巴黎，當它再度從巴黎起飛之後，就再也沒有回到母港。（圖／Vincent Edlinger授權使用）

2009年的法航447班機墜毀事件，涉事的就是圖中的這架飛機。此圖拍攝於事發之前20餘小時，為該機最後一次降落巴黎戴高樂國際機場。當它再度從巴黎起飛之後，就再也沒有回到母港。（圖／Vincent Edlinger授權使用）

法航447班機從高空一路以機頭朝上的姿態墜入海中。圖為法航同型客機於2010年在舊金山國際機場落地前的一刻。（圖／Ben Wang/www.airliners.net授權使用）

世界各國的航空公司廣泛使用A330-203客機，因此法航447班機失事引起國際憂慮。圖為法航同型客機於2016年攝於巴黎。（圖／Pascal Maillot 授權使用）

法航447班機因人為操縱的原因而墜海。圖為真實的飛行任務途中，飛行員示範空中巴士客機操縱桿的動作，注意飛行員的右手。（圖／高立川授權使用）

法航447班機永遠無法抵達原先預定的目的地，巴黎戴高樂國際機場。圖為法航同款式客機，即將降落戴高樂國際機場，攝於2014年月。（圖／Mehrad Watson授權使用）

因為許多年前的維修失當，導致日本航空123航班墜毀，這是單一班機損失最多人命的事件。圖為日航同款式、同塗裝的747-146客機於1992年攝於名古屋（圖／鈴木一授權使用）

美航第191班機因維修過程未確實執行標準程序導致左翼下引擎（箭頭所指圓圈處）脫落而失事。圖為美航同型的DC-10-10客機，攝於1990年代多明尼加共和國，圖中可見暴風雨即將降臨機場。（圖／Augusto Gomez Rojas授權使用）

就是這一架！聯合航空第811班機，機體註冊號碼N4713U，於發生意外前一年多攝於紐華克國際機場。（圖／Robert M. Campbell授權使用）

與聯合航空第811班機同款式的波音747-122型客機。注意箭頭所指圓圈處，就是在空中爆開的艙門。（圖／Robert M. Campbell授權使用）

英勇救人的羅伯．皮謝（Robert Piché）機長，在黑夜的大西洋上空帶領一架已無燃油、全無動力的越洋航空A330-243型客機飄行近20分鐘，順利迫降，全機三百餘人全部獲救。（圖／Robert Piché授權使用）

就是這一架！越洋航空第236航班於2001年8月24日在大西洋上空完成了驚險的無動力飄降亞速爾群島，當時涉事飛機（圖中機身編號C-GITS）後來獲得「亞速爾滑翔機」的綽號。圖為該機在2005年降落蘇黎世國際機場的情形。（圖／Markus Herzig授權使用）

發生漏油之後，越洋航空236班機左翼（即圖片中可見的機翼）內油箱油量變多，產生不平衡。圖為該公司同型客機攝於2016年的布達佩斯機場（圖／Soós József授權使用）

加拿大越洋航空236次班機因維修不當導致燃油全部漏光，最後靠著小型的衝壓渦輪提供少量電力，勉強操控飛機。在緊急情況下，衝壓渦輪就是從箭頭所指處釋出。圖為該公司同型客機攝於2012年蒙特婁杜魯道國際機場。（圖／Ginette Gauthier授權使用）

越洋航空的A330班機已經改為圖中的新式塗裝，攝於2014年的阿姆斯特丹史基普國基機場。（圖／Udo Haffke授權使用）

越洋航空236班機從多倫多起飛後不久就漏油。圖為該公司同型客機在布達佩斯起飛前往多倫多的情形。（圖／Miklós Jásdi授權使用）

為了避免衝出跑道，皮謝機長於迫降後用力煞車，使機輪全破，鋼圈直接摩擦跑道而有效減速。圖中可見該公司同型飛機的起落架細節，攝於荷蘭阿姆斯特丹史基普機場。（圖／André Wadman授權使用）

這是越洋航空的A330型客機正常降落的情形，於2016年在加拿大卡加利所攝。（圖／Marlene Leutgeb授權使用）。

圖為越洋航空的A330客機抵達布拉格機場，由此圖可想像當年同型236班機在無動力情況下降落的情形。（圖／Marek Novotný授權使用）

航迷交流的空間

閱讀雜誌、上網吸收航空相關知識，這些都是一個人做的事，對於航迷間的交流，你是否有其他想像？或者，你是否曾嚮往聽聽航空界資深的工作者，以面對面的距離經驗分享？

炎炎夏日躲進咖啡廳喝上一杯冰咖啡，或許是許多人的日常，但咖啡廳除了能舒服的享用飲料、餐點外，是否還能提供來訪者更多的靈感和想法？

即將於10月份開幕的Airway Café　，能同時滿足以上兩者的想像。

或許你會懷疑出版雜誌和Caf　有什麼關聯？雜誌是知識的載體，Café這樣的空間是讓知識得以流動的場域。未來，我們將在平日晚間和週末下午，邀請Airway的作者、業界專家和從業人員與航迷們面對面座談，解答航迷的各種疑問。同時，Airway Café也提供一個空間，讓航迷們能自在交流，共享彼此的航空知識與情報。

而為了讓Airway更瞭解並滿足讀者的需求，我們想邀請讀者「你」為Airway Café的講座內容提案，什麼樣的訊息是你希望能在Airway Café聽到的？誰是航空界你一直想見到的大師名人？任何想法都歡迎你掃描QR Code進入線上問卷填答，我們也非常期待聽你分享心目中的Airway Café是什麼模樣？讓我們一起打造書本以外的，另一個航迷的心靈殿堂

飛航解密

美國航太專家關於
飛航安全、訓練與管理的大解密

MAYDAY! MAYDAY! MAYDAY!

Aviation Safety and Accident Investigation: An Expert's View

王立楨 著

推薦序

一本難得的航太科普故事書

認識王立楨先生是我剛接任四聯隊聯隊長的時候，李子豪將軍帶著他到嘉義來參觀。當時我對他的第一個印象就是：這位文質彬彬的工程師怎麼對空軍瞭解得那麼多，幾乎我說的空軍任何事情他都可以接的下去，而且似乎對那些事瞭解的程度比我還要深。

幾年後，有機會讀了他替前參謀總長陳燊齡將軍寫的傳記《回首來時路》，又覺得他雖然高中沒有畢業就出國，又長年待在國外，但是拿起筆來的功夫竟也毫不含糊。

後來，在我擔任民航局局長的時候，他拿了他所寫的《螺旋槳邊的歲月》一書來請我做序，我在詳讀那本我國第一位民航飛行員陳文寬先生的傳記之後，又發現他除了空軍之外，對我國民航界的事情也有深刻的認識。

在我由民航局局長卸任之後，我們之間的交往才開始比較頻繁，他每次回國我們都會聚在一起，談談空軍往事和民航近態。聊天時，他曾不只一次表示要將他所知道的空軍故事及民航典故，在他的有生之年都寫下來，免得那些故事僅流傳在我們這一輩的口語當中。我們這群在空軍及民航界幹了一輩子的老兵，對他這種精神感到相當敬佩。

這次他又寫了一本有關民航空難事件的書要我替他做序，我將大約十萬字的文稿看完之後，發現這本書裡提到的十起空難都是我所熟悉的事故，但不同於空難調查報告的枯燥無味，他竟然以深入淺出的筆法，像說故事一般，將那些原本屬於技術性的失事原因解釋得相當清楚。我認為這和他本身就是航太工程師，有著很大的關係，尤其是他對於飛機及航太科技有著深度瞭解，再加上他的生花妙筆，就促成了這本非常精采的書。讀稿時我就想：如果空難的失事調查報告都寫成這個樣子，該是個什麼境界？

在此我要鄭重的向大家推薦這本書。您可以把它當一本故事書來看，書中的驚險情節會讓您緊張到手心流汗；也可以當一本科普書來看，因為書中會仔細的由科學的角度來解釋一架飛機為什麼「不能飛」！

最重要的是，希望民航界的同仁，能藉著這本書裡的十個故事，自我砥礪，讓空難事件不再發生。

空軍退役少將、前交通部民航局局長　張國政

推薦序

你會有身歷其境的感覺

自從人類發明飛機之後，運動的領域也由二度空間變成三度空間，除了帶給人類快捷便利的交通，也改變了生活方式，地球的空間也形同縮小了。而經濟的發展也為之改變，人們越來越依靠航空來促進經濟成長，使得航空業在近年來呈爆炸性的成長。

伴隨而來的是飛航安全更加得到重視。現代的航空事業在複雜又多變的商業網路中是特殊機構，而在快速變遷之航空營運環境中，此等機構仍必須持續調適，以保持生存。在這個產業內，雖有極少數的商業個體、市場、供應網及其作業仍僅限於本國內，惟整體航空事業更趨向於全球化已是無法避免之事實。因此，航空事業這麼複雜、多元又快速變動的特性，更突顯了良好的安全管理之重要性。

一九九〇年英國曼徹斯特大學物理學家雷森博士（James T. Reason）提出了「瑞士起司」

的模型理論：在航空、醫療照護及工程等方面所發生的重大意外事件，就有如一片片的瑞士起司不斷堆積，只要其中一片起司的移動，就可能使光線無法穿透，就會造成事件的發生而面臨災難。從這個基礎理論開始，就可進一步執行飛行安全的風險管理。

在我三十餘年的飛行生涯中，包括了軍中的戰鬥機飛行及在民航局的飛航測試飛行，其中也曾遭遇不少空中危險事件。每當幸運地解除危機而安全落地後，我必定深刻檢討錯誤，並找出預防的方法，同時將那些教訓銘記在心，絕不再犯。

而在聽到任何重大飛安事故的同時，我總會探究事件發生的根源，自我砥礪。這是屬於一個飛行員的自身作為，然而飛安重大事故發生的因素總包括了機械、天氣、人為、航管及複合等因素，這些因素最後綜合的結果，就掌控在飛機駕駛員的手中。因此，提升飛安的水準也就成了航空界的顯學，百年來航空界不斷的從飛航作業的整個系統面檢討改進，不斷的冀求堵住或填滿每一片瑞士起司的孔洞。國際民航組織在施行多年的國際民航附約中，又於二〇一三年十一月十四日增加了第十九號附約「安全管理」，將安全管理融入飛航作業之正常管理架構中，繼續提升現有之安全策略及作為。

本書作者王立楨自一九七四年於美國紐約航太學院（College of Aeronautics）航空系畢業後，就開始鑽研於航空業，除熱心蒐整研究我中華民國空軍航空史實外，對於全球飛航事故的發生原因也有精闢的研究。這本書是王先生蒐錄了全球歷年民航機空難事件較為經典的事故歷程，以生動並結合情境的語彙，讓讀者有身歷其境的感覺，如欣賞小說般的慢慢將殘酷的結果呈現，並將事故造成的原因作出了詳細的分析，是從事飛航事業者以及飛機駕駛員值得仔細研讀的一本好書。本書每一篇都是血的教訓，前事不忘後事之師，以過去慘痛的教訓作為後人的經驗，使飛行安全能更臻完善是最明智的做法。

前空軍十二戰術偵察機隊隊長、交通部民航局飛航安全檢查員╱測試機飛行員　林建戎

作者序

台灣時間四月三日的深夜，我搭乘的這架波音七七七型的客機正安穩的以四百七十浬真空速，飛在三萬九千英呎的高空。我坐在靠窗的座位上，看著窗外漆黑深寂的夜空，心中的思緒卻如脫韁野馬，想著許多在這架飛機上的其他乘客會認為是「觸霉頭」的情況……

我想著如果就是現在，飛機的一個貨艙門突然飛脫，造成飛機遽然猛暴性失壓，那麼這架飛機的飛行員該怎麼辦？如果目前一個發動機漏油，所剩餘的燃油無法讓我們飛到舊金山，飛行員將轉降何處？如果貨艙內的一些貨物突然著火，我們逃的過這場劫難嗎？

我之所以會有這些念頭，是因為這些都是真實世界中曾發生過的案例，也就是這本書中所提到的案例中的幾個事件。

這本書裡蒐集了十起民航界的意外事件，其中有飛行員操縱錯誤所引起的失事事件，也有因為機件故障所引起的失事事件，但是那些所謂的「機件故障」，也多半是因為地勤維修人員或是設計人員的錯誤所導致的。所以，幾乎可以說所有的飛機失事案件，都是和「人」有相當的關係。

為了杜絕這種因為人們大意或疏忽所引起的意外，每家航空公司、飛機製造公司都有專為飛行組員、維修技工所準備的「標準程序」（SOP, Standard Operating Procedure），希望那些人在執行自己的勤務時，能遵守那些程序，而將發生失誤的機會減到最小。

然而，每隔一段時間，我們總是會聽到一件令人心碎的飛機失事消息，電視銀幕上顯示著飛機支離破碎的殘骸，銀幕下端的走馬燈不斷的報出連續上升的罹難人數，讓坐在電視機前面的大眾開始懷疑「飛機到底是不是一個安全可靠的交通工具」。

其實，根據美國的CNN在二〇一五年所做的各類交通工具安全性的比較（左頁圖），客機在所有的交通工具中，還真是「最」安全的一種交通工具。

既然飛機是那麼的安全，為什麼每當有飛機失事時，總是佔著媒體的頭條，讓看了報導的社會大眾覺得每次登上飛機，都可能會有那深不可測的後果？那是因為媒體的賣點就是將事故「煽情化」！記者站在飛機的殘骸前面，面對著鏡頭說著他剛從一些「專家」處得來的「真相」，而那些「真相」卻多半是聳人聽聞的，這種情況下搶占收視率的目標是達到了，但是一般民眾卻得到了許多「不甚確實」的訊息，因為飛機失事的「真相」豈能夠藉由幾張飛機殘骸的照片就可以知道的？

幸而，在每次飛機失事之後，有一群不站在群眾前面的「專家」們，他們來自不同的專業，在飛機的殘骸中去尋找任何可疑的蛛絲馬跡，將那些證據以科學的方法去驗證，來找出飛機失事的真正原因，然後根據那些原因，一則做出飛機零組件修改的建議，再則將飛行人員或是維修人員的「標準程序」修改，希望藉由這些軟、硬體的改進，讓日後的空中運輸更安全。

現在大家所熟悉的CRM（Cockpit Resource Management，座艙資源管理）就是在一九七二年的東方航空公司第四〇一次班機失事之後，讓民航界開始警覺到「必須有效的去利用座艙內有限的人力

各類交通工具安全性比較（美國境內五年資料）	
交通工具	每十億哩死亡人數
摩托車	217
私家汽車/小卡車	5.75
火車	0.47
捷運	0.24
公共汽車（巴士）	0.14
客機	0.06

資源」，繼而由聯合航空公司正式開始推行運作。

在經過多少次飛機失事的血的教訓之後，目前的飛機已是相當的安全，每家航空公司對飛行組員及維修人員的訓練也是非常的紮實。這些都是民航客機在所有的交通工具中享有最安全頭銜的主因。

然而，只要有飛機繼續在天空飛行，日後一定還會有客機墜毀的慘劇，因為百密必有一疏，英語中的一句諺語將這點說的非常明白，那就是：「Accidents Do Happen!（意外總是會發生的！）」

幸好，那種機率微乎其微！

第1章

被無關緊要的小事影響

美國東方航空401航班基本資料

日期時間	1972.12.29 晚間
機型	洛克希德L-1011-1三星式客機
航班代號	EA 401
地點	邁阿密國際機場
機上人數（乘客+飛行組員+機艙組員）	163 + 3 + 10
死亡人數（乘客+飛行組員+機艙組員）	96 + 3 +2

美國東方航空401班機的最後時刻

1972年，12月29日，邁阿密國際機場西北方19英里處

23：34	飛行組員通知邁阿密塔台因鼻輪燈光問題，暫時先繼續盤旋。塔台指示該班機爬升至2,000呎並維持高度。
23：36	飛機正由副駕駛操縱，機長下令副駕駛啟動自動駕駛模式。此時有一支操縱桿受碰撞而解除了自動駕駛模式，飛機開始以極淺的角度向下俯衝。
23：37	機長叫工程師進入下艙以目視方法檢視鼻輪的狀態。
23：38	飛航組員通知塔台他們將繼續西行，以便持續處理燈泡的問題。塔台允准。駕駛艙內同時熱烈討論燈泡的問題。
23：40	一個標準音高的警告聲音響起，持續半秒鐘，旨在提醒飛航組員高度改變了。但組員們沒注意到。
23：41	機場管制員注意到該機的高度只剩下900呎，因此塔台詢問機組：「情況怎樣？」機組回應：「還OK，我們調個頭就回來。」塔台也允准，組員也覆誦了塔台的允准。
23：42	副駕駛問：「我們有改變高度嗎？」機長：「啥？」接下來的7秒鐘紀錄到了駕駛艙內的混亂情況。副駕駛再問：「我們還在2,000呎對吧？」機長大喊：「喂！到底發生啥事？」傳出6響無線電警告的嗶嗶聲，接著是撞擊，然後沈寂。
（次日） 00：02	海防隊直昇機發見殘骸。

內容取自座艙通話紀錄器的錄音抄本，內容並非完整，有時僅為描述現場氛圍。用詞非專業航空術語。時間皆為當地時間。

多年以前，一位老飛行員在與我聊天的時候說過：極大多數的空難事件的起因都是一些小的機件故障，然後在飛行員處理不當的狀況下，造成重大的失事。現在想起來，美國東方航空公司（Eastern Air Lines）第四〇一次班機就是最好的一個例子。①

嶄新的三星式客機

一九七二年十二月二十九日晚上九點二十分，一架美國東方航空公司的嶄新大型客機，在紐約攝氏零下兩度的低溫中，由甘迺迪機場起飛，目的地是一千餘哩之外的邁阿密。在那裡，迎接這架飛機的將是溫暖的二十五度氣溫。

那架客機是機齡僅有四個月的洛克希德L1011三星式客機。自從波音公司在一九六九年推出波音七四七廣體客機之後，空中旅遊立刻進入一個新的境界，麥道（McDonald

---

①美國東方航空與中國東方航空公司無關，它成立於一九二六年，曾是美國「四大家（Big Four）」航空公司之一，以邁阿密為總部，早年獨霸紐約到邁阿密的航線。一九九一年因經營不善而倒閉。

Douglas）及洛克希德（Lockheed）兩家飛機公司也不甘人後的分別推出了DC10及三星式兩種廣體客機，來分享這塊航空界的大餅。東方航空公司當時的主要航線都是在美國國內，因此波音七四七的四百餘人的載客量，就稍嫌大了些，於是東方航空公司選擇了洛克希德公司裝配有三具發動機的三星式客機，這樣運作的成本就要比四個發動機的波音七四七經濟許多。

專業的組員

當晚坐在駕駛艙正駕駛位置上的是羅勃·勞夫（Robert A. Loft），這位五十五歲瘦高個子的飛行員在東方航空剛成立不久就加入公司，已有三十二年的資歷，他在當年六月才完成三星式客機的換裝訓練，是東方航空公司第二批完訓的機長。稍早，在那天下午的時候，他與他的另外兩位組員，副駕駛亞伯特·司達克尤（Albert Stockstill）及飛航工程師唐諾·瑞波（Donald Repo）才一同駕著那架機身編號N310EA的三星式客機，由邁阿密經坦帕市飛抵紐約。此時他們要將這架飛機載客飛回邁阿密，之後三個人當月排定的飛行航班就已飛完。所以每個人都期盼著把當晚的班次飛完，就可以享受連續幾天的新年假期。

副駕駛亞伯特雖然只有三十九歲，但是他的三百多小時三星式經驗，在全組人之間卻是最豐富的一位。他在加入東方航空公司之前是一位空軍飛行員，自小就對飛行有著一股狂熱，那天早上他還在家中的車庫裡組裝一架他買來的小飛機。

五十一歲的飛航工程師瑞波，在公司裡是由飛機技工開始幹起，這些年來他陸續考取了私人飛行執照及商用飛行執照。他擔任飛航工程師的飛行時數，再加上自己的飛行時間，竟也累積出超過一萬五千多小時的飛時。

那天飛機由紐約起飛時，坐在駕駛艙內的還有另外兩位公司的員工，一位是華倫．泰瑞（Warren Terry），他是公司另一種機型的副駕駛，當天在飛完他的班次之後，搭這架「便機」回他在邁阿密的家。另一位是安奇羅．唐納戴歐（Angelo Donadeo），他是公司在邁阿密總部的維修工程師，當天上午他到甘迺迪機場去檢查另一架有問題的三星式客機，在完成檢修之後，也搭上這班飛機回邁阿密。

飛機起飛後，泰瑞就離開駕駛艙，坐到頭等艙去了，唐納戴歐則還是留在駕駛艙裡，他想看看飛行員們實際操作三星客機的情形。那天在雲上的視野很好，唐納戴歐由他觀察員的位置都可以看見在他們那架飛機遠遠前方，有一架DC10客機一路在他們前面，直到進入佛羅里達之後，那架飛機才由他們前面轉往奧蘭多。

當天的航線是由紐約先往西南飛，經過維吉尼亞的諾福克後，繼續往西南飛，然後在北卡羅萊納州的威名頓出海，在海上飛行五百哩之後，由西棕櫚灘登陸，再轉向邁阿密落地，整個航程預計兩個半鐘頭。

這個航班上有十位空服員，她們是當天下午三點半在邁阿密報到，然後執行另一個航班的勤務飛往紐約，在那裡她們再轉到第四〇一次班機上執勤，飛回邁阿密，預計在晚上十一點五十分下班。那天也是這些組員那個月最後一次在一起值勤，於是他們那天下午在邁阿密飛往紐約之前，趁著等待旅客登機的空檔，有位組員建議大家在一起合照一張照片作為留念。很不幸的，那張照片中有些空服員竟無法活著看到那張照片。

假期在望

那天在那架可以搭載兩百二十位乘客的飛機上，只有一百六十三位乘客（兩位搭便機的公司員工也算在旅客名單之內）。坐在機身左邊機翼稍前、靠窗座位的李察・布拉魯斯基（Richard Pragluski），是一位在普惠（Pratt & Whitney）發動機公司任職的航空工程師，他經常要到普惠在西棕櫚灘的工廠出差，所以是這班飛機的常客。但是這天他並不是去出差，他將到那裡與他的妻子會合，然後在邁阿密度過一個溫暖的新年假期。

另一位乘客傑瑞・愛司考（Jerry Eskow），本來要與他的妻子一同搭乘前一天的班機飛往邁阿密，但是因為他的公司臨時出了一些事要他處理，所以他就決定晚一天出發，為這件事他的太太還有些不高興，不過當他說了一個理由之後，她就不再堅持了。他說：「記不記得以前妳曾說過，為了安全起見，我們應該盡量避免搭乘同一班飛機。」

朗諾．英凡提諾（Ronald Infantino）與莉莉（Lily Infantino)是一對新婚夫婦，他們倆二十天之前才結婚，在迪士尼世界度完蜜月之後，隨即飛去紐約去與郎諾的家人歡度聖誕。本來他們是預備在紐約一直待到新年過後，然而莉莉的家人卻一直慫恿他們回到邁阿密來參加古巴社區的新年狂歡，於是郎諾就順從了古巴裔新婚妻子的意願，搭上了這架飛機。莉莉的姊姊凱西告訴他們，即使那班飛機預計晚間十一點四十二分才抵達邁阿密，但是對古巴社區而言，那時狂歡活動才剛開始進入。

晚上十一點十九分，四〇一次班機已接近邁阿密地區，勞夫機長將無線電的頻道轉到邁阿密塔台。剛轉到那個頻道時，他就聽到一架國家航空公司（National Airlines）的六〇七號航班正在向塔台報告飛機發生故障，那架飛機的起落架因為液壓系統漏油而無法正常放下，必須用手搖方式將起落架放下，同時也因為液壓系統的故障，使那位機長懷疑煞車系統可能也無法讓飛機在跑道上安全停下，因此要求機場的救援車輛在跑道頭待命。因為勞夫機長是將無線電直接接到駕駛艙的擴音器，所以駕駛艙裡的每一個人都聽見了那架國家航空公司六〇七號班機的狀況。

「還好我不在那架飛機的駕駛艙裡。」勞夫歎了一口氣說。

「可不是嗎。」副駕駛亞伯特也跟著說了一句。

勞夫機長隨即按下麥克風上的通話按鈕，向邁阿密塔台報出自己飛機的代號及請求落地指示，邁阿密塔台很快的將機場的氣壓、風向及風速報出，並指示他由九左跑道落地。②

該亮的沒亮

飛航工程師瑞波那時也將飛機落地前檢查表拿出，開始照著檢查表上的項目逐項唸出。駕駛艙裡的幾個人也隨著唸出的清單，檢查各個項目，並將檢查結果回報給瑞波。

瑞波唸到「放下起落架」時，副駕駛亞伯特便將起落架手柄拉下，並注意手柄下的三個指示燈。通常在手柄拉下後幾秒鐘之內，那三個指示燈就會亮起綠燈，表示鼻輪及兩個主輪都已放下並鎖好。但是那天卻只有兩個主輪的指示燈變綠，鼻輪的指示燈沒有任何指示。

「鼻輪沒有指示。」亞伯特說。

勞夫機長似乎被這突來的狀況惹得有些心急，在他三十多年的飛行生涯中，他曾遇過比這嚴重不知多少倍的機件故障，他都能化險為夷，所以他並沒有把這個問題當成一回事，他只是為了將要延遲降落的時間而感到心煩。

特說。

「他媽的，怎麼會在這個時候……你先試試收上來再放一次。」勞夫沒好氣的對著亞伯特說。

「好的，重放一次。」亞伯特的聲音很平穩，他大概也認為這種小毛病不算是什麼，在勞夫這種大牌機長的指揮下，一切馬上都會恢復正常。

「起落架收上。」亞伯特說著將起落架手柄拉上。他同時眼看不可能在進入跑道前將這故障排除，於是又轉頭對著勞夫說：「你大概要告訴塔台我們必須要重飛一圈了。」

勞夫歎了一口氣，抓起麥克風說：「呃……塔台，這是東方四〇一，看起來我們必須重飛一趟，我們的鼻輪指示燈沒亮。」那時是晚上十一點三十四分。

「東方四〇一，瞭解，保持航向，爬升到兩千呎，與近場台聯絡，③一二八點六。」塔台立刻給了脫離進場航線及爬高的指令，並指示他們用一二八點六MHz與近場台聯絡。

---

②跑道編號請參閱附錄。
③近場台請參閱附錄。

所有人都在管燈泡這件事

亞伯特把機頭拉起的同時，再度將起落架的手柄放下，他等了幾秒鐘，仍然只是兩個主輪顯示綠燈，鼻輪的綠燈還是沒有亮。

坐在亞伯特後面的飛航工程師瑞波也看見了鼻輪的指示燈沒有亮起，於是問勞夫機長：「要我在這裡檢查燈泡嗎？」

「當然，檢查一下。」勞夫機長說。

瑞波由他工作檯上的儀錶板上，按下一個開關按鈕，頓時座艙內所有警告燈同時亮起，這是檢查警告燈的正常手續，如果燈泡不亮就表示那個燈泡有問題了，而不是線路系統的問題。這一次鼻輪警告燈仍然沒有亮。

「我看大概是燈泡的問題，勞夫，你要不要晃晃那個燈泡，看看是不是接觸不良。」亞伯特對著勞夫說，雖然燈泡在亞伯特這邊，但是他在操縱飛機，無法空出手來做這件事。

「啊，我搆不到。」勞夫伸手試著去搖晃那個燈泡，但是他坐在正駕駛的位置上，從那裡他無法搆到那個燈泡。

就在那時，飛機爬到了兩千呎的指定高度，於是亞伯特對著機長勞夫說：「我們已經到了兩千呎了。你要我繼續飛嗎？」

勞夫沒有直接回應這個問題，反而問亞伯特：「我們該轉到哪個頻道？」

「一二八點六，」亞伯特說。

「我來聯絡。」勞夫說著，表示他要副駕駛亞伯特繼續操縱飛機，而由他本人來做與地面聯絡的工作。

「近場台，這是東方四〇一，目前我們在機場正上方，正在爬向兩千呎，啊，其實我們已經到了兩千呎，我們正試圖讓鼻輪指示變綠。」

「東方四〇一，瞭解，請左轉航向三六洞，保持兩千呎高度，飛向九左進場。」航管人員回答。

「瞭解，左轉三六洞，保持兩千呎。東方四〇一。」勞夫簡短的回答。

「亞伯特，掛上自動駕駛，然後你試試看能不能把燈泡拆下來。」勞夫要亞伯特試著將燈泡取下，因為那個警告燈就在亞伯特的前面。

坐在客艙中、任職於普惠發動機公司的航空工程師李察聽著起落架連續兩次的收放，又看著飛機離開進場航線開始爬高，他知道飛機發生狀況了。雖然他知道這是一架全新的飛機，不應該會有大問題，但是多年的工程訓練使他對任何故障都不敢掉以輕心，他看了看飛機逃生門，並記下逃生門和他座位之間的相對方位，好讓他在黑暗中也可以藉著摸索而到達逃生門。

空服員露薏絲此時也警覺到飛機開始重飛。她解掉安全帶，走到另一位空服員帕崔霞的身邊說：「不知發生什麼事，飛機重飛了。」帕崔霞頭都沒抬，一邊看著手中的雜誌，一邊淡淡的說：「嗨，不要抱怨好嗎？如果我們晚幾分鐘到，應該會有加班費的。」

這時副駕駛亞伯特在駕駛艙中終於將那個警告燈取下來了。那是一個正方形的塑膠罩子，裡面有兩個像花生米大小般的燈泡，亞伯特拿在手裡看了一下，看不出燈蕊是否已燒壞。於是交給瑞波去看看。坐在備用座椅上的總公司工程師唐納戴歐看著瑞波在他工作檯上的燈下看了看那個燈泡，看完之後說了一句唐納戴歐沒聽清楚的話，就將警告燈還給亞伯特，要他裝回燈座。那時唐納戴歐認為瑞波檢查後發現燈泡沒壞，所以才讓亞伯特將警告燈裝回去。

亞伯特接過警告燈，預備將它裝回燈座的時候，卻沒對正燈座，導致警告燈就卡在燈座上，這下不但裝不回去，而且拿也拿不下來了。

「你裝偏了，這樣子根本裝不上去，得向左轉個九十度才行。」勞夫機長由他的座位上看的出那個警告燈沒有對正。但是亞伯特不但無法將它轉動，就是想拿都拿不下來了。

就是沒有人在開飛機

勞夫機長突然想到了另一個點子，他轉身對著飛航工程師瑞波說：「喂，你到下面去，從那裡去看看那個混帳鼻輪到底放下來沒有。」他所指的「下面」是駕駛艙的下面，打開駕駛艙地板的一個小拉門，可以由一個梯子下到下艙，那裡有一個小窺孔可以看見鼻輪是否放下。

這是一個很好的主意，但是就在勞夫機長轉頭對瑞波說話的時候，他不自覺的犯了一個致命的錯誤：當時他的左手是放在駕駛盤上，當他轉頭向後時，左手不經意的將駕駛盤向前推了一下，這一推立刻造成了兩個後果，一個就是將自動駕駛解掉了（就像開車用自動定速時，在煞車踏板上輕輕一踏就會解除自動定速一樣），另一個就是將飛機機頭推下，讓飛機進入淺角度俯衝狀態。**其實這兩個狀況都不是什麼大問題，只是當時駕駛艙內竟沒有人知道這兩件事發生，這才是真正致命的原因！**

正當瑞波打開地板上的小拉門，要到下艙去的時候，亞伯特由副駕駛的座位上回頭對著他說：「你有沒有手帕或是什麼的，讓我可以用來抓緊這個燈？它現在卡在這裡動都動不了……如果我能用個鉗子，說不定可以把它弄正。」

「我可以給你個鉗子，但是相信我，如果你用鉗子硬搞，那個燈會碎掉。」瑞波站在往下的梯子上說著。

然而不等亞伯特有機會回話，勞夫機長已經失去耐心了，他開始大聲吼著：「去他個蛋！趕快下去看看那個混帳鼻輪是不是已經放下，最重要的是這個嘛！為了這個他媽的兩毛錢燈泡，讓我們搞成這個樣子！」

大家聽了勞夫的氣話，不但沒被嚇到，反而都笑了。顯然的，一直到現在大家都沒將那個狀況當成緊急事件，只認為是個煩人的情況。

「邁阿密近場台，東方四〇一，如果可能的話，我們想往西多飛一會兒，看看能不能讓那個燈亮起來。」勞夫雖然生氣，但是他仍然知道什麼時候該與地面航管人員通話。

「好的，東方四〇一，我瞭解你預備繼續西飛。」就在航管人員回話的當兒，位於飛航工程師工作檯附近的一個擴音器響起了一聲「咚」的警告聲，那是提醒機組人員飛機已經低於預設的飛行高度超過兩百五十呎，表示當時的高度已經下降到一千七百五十呎以下了。**這是整個系統裡唯一的一次警告，不過因為瑞波當時正在下艙，所以他沒有聽到這個警告聲，而其他的組員卻只聽到航管人員的聲音而沒有聽見夾在裡面的警告聲。**

「你以前有拆過這種警告燈嗎？」勞夫機長看見亞伯特還在試著扭動那警告燈時，以嘲笑的口吻說著。

「在這之前從沒有拆過。」

「所以你才裝偏了？」

「由我這裡看是挺正的，但我不知道到底是什麼鬼原因讓它卡在那裡，總是有些莫名其妙的事讓我們無法準時抵達！」亞伯特也開始不耐煩了。

「由下艙的那個小窗戶應該可以看到那個混帳鼻輪，我覺得它沒有任何理由卡在那裡放不下來。」勞夫機長說。

「我也是這樣覺得。」

「光靠重力都應該可以放下鼻輪才對。」勞夫機長指的是一道緊急程序，在起落架無法放下時，可以試著將液壓管上的一道回瓣門打開，讓起落架靠本身的重力放下。

「剛才的警告燈測試結果是燈泡本身有問題。」亞伯特企圖讓機長瞭解，可能起落架並沒有任何問題，而只是警告燈泡的問題。

「那倒也是。」

「是燈泡的問題啦。」亞伯特嘴上雖然這麼說，他還是在試著將卡在那裡的燈泡取下。

「勞夫，這個鬼燈泡動都不動。」

「算了，不要去管它了。」

就在那時，瑞波由下艙爬了上來，對著大家說：「在下面我什麼都看不到。」

「你什麼意思？」勞夫機長問他。

「我什麼都看不見。」瑞波重複說了一遍。

「你看不見那個指標？在鼻艙裡有個地方你可以看到一個指標，如果鼻輪放下鎖好的話兩個指標會對正。」

「你說的我都知道，那個像伸縮望遠鏡一樣的東西。」瑞波對這飛機上的系統應該比勞夫瞭解得更清楚，畢竟他是這架飛機的飛航工程師。

「對啊，就是那個東西。」

「但是……」

「但是什麼？」

「我就是看不見，鼻艙裡漆黑一片，我用手電筒去照，都看不見任何東西。」

勞夫伸手將落地燈的開關打開，然後對著瑞波說：「現在再去試一下。」

瑞波再度爬到下艙，這次唐納戴歐跟著他一道下去，在他下去之前他看到亞伯特右手抓著操縱盤，左手還在那個燈泡上動著，勞夫機長已將自己的安全帶解開，整個身子都側往右側，企圖去幫亞伯特將那個警告燈鬆開。

那架飛機自從勞夫機長不自覺的將自動駕駛解除之後，就一直以淺角度向下俯衝著，這時的高度已經低過一千呎，但是因為時間已經接近午夜，外面一片漆黑，而他們又飛在機場附近的愛佛格雷沼澤上空，地面沒有任何燈光，所以飛機上沒有人知道飛機的高度已經相當低了。

少問了一句話

雖然飛機上沒有人知道高度已經太低，但是航管人員卻在雷達幕上看到飛機的高度僅有九百呎，他拿起麥克風呼叫那架飛機。

「東方四〇一，目前的狀況如何？」航管人員沒有提醒飛行員有關高度偏低的狀況，因為一來他「**覺得**」飛行員「**應該**」知道飛機的狀況，再來就是他知道有時雷達會傳回錯誤的資訊。他決定等雷達轉過一圈，電波再度掃到那架飛機，如果高度還是那麼低時，他再提醒飛行員。

「OK，我們可以掉頭轉回去，開始重新進場了。」勞夫機長回答。顯然他認為再過幾分鐘就可以將這個煩人的問題解決。

「好的，東方四〇一，左轉航向么八洞。」

「瞭解，左轉么八洞。」

就在亞伯特預備向左轉的時候，他看見了高度錶上的指示，他不敢相信高度錶的指針已經低過三百呎，而且還在繼續回轉中（代表高度還在降低）。

「我們改變高度了嗎？」他急著問。

「什麼？」勞夫機長也將視線掃向高度錶。

「我們應該還在兩千呎的高度，不是嗎？」亞伯特急著說。

「哎呀！怎麼搞的？」勞夫機長喊道。

幾秒鐘之後，飛機就以兩百二十七浬的速度撞進了愛佛格雷的沼澤中。

「我們看見一陣爆炸的火焰，該讓你知道」

場景回到航管，航管的雷達再度掃到東方四〇一時，雷達幕所顯示出來的那架飛機高度竟是CST，那是Coast的簡寫，表示飛機的高度已經低到海平面了。

航管員緊張的抓起麥克風：「東方四〇一，我在雷達上看不到你了，你需要緊急救援車輛嗎？你的高度是多少？東方四〇一？」

回答他的只是一片寂靜與無線電中的靜電聲。然後在十一點四十三分的時候，無線電中傳來了一個陌生的聲音：「邁阿密塔台，國家航空六一一，我們剛在機場西邊看見一陣爆炸的火焰，我們不知道那是什麼，但是我想該讓你知道。」

三

邁阿密熱鬧的夜生活燈光在遠處東邊天際閃亮著，在愛佛格雷沼澤中有一艘小型螺旋槳氣動船正停在一片漆黑中，船上的兩個人正坐在船上喝著啤酒，天南地北的聊著天，其中一位是羅伯特．瑪奇斯（Robert Marquis），他是一位前野生動物管理員，也是那艘船的主人，那天晚上他正帶著他的一位名叫瑞．狄更生（Ray Dickinsin）的朋友到沼澤中去捕青蛙。當時他們已經抓到了十幾公斤的青蛙，預備再過一會兒就要打道回府。

突然間，瑪奇斯發現在黑暗的夜空中有幾個明亮的紅綠色燈光，正以驚人的速度向他們接近，隨之而來的是震耳欲聾的噴射機聲音，他知道那是由邁阿密國際機場飛過來的飛機，但是他從來沒有看過民航機飛得這麼低，低到飛機由他頂上通過時，那股強大氣流所引起的水面波動竟會讓他的小船搖晃不已。

「他們不該飛這麼低的。」飛機的聲音太大，瑪奇斯必須對著狄更生吼著說。狄更生抓緊了自己的帽子，對著瑪奇斯不住的點頭，他根本無法說話，飛機的聲音太大了。

兩人以為飛機由他們頭上通過之後，會很快的飛遠，將原有的寧靜留給他們，沒想到那架飛機就在他們的注視下撞進沼澤，一陣巨響中橘紅色的火焰也將黑暗的沼澤照得通亮，然而那陣火焰卻沒有繼續燃燒，很快的就一切又回歸黑暗。

「天哪，瑪奇斯，你看到了嗎？」狄更生簡直不敢相信自己的眼睛。

「快，快，我們得趕快趕到那裡去！」瑪奇斯說著將小船的引擎啟動，對著飛機墜毀的地方駛去。

在伸手不見五指的環境下，瑪奇斯只能按照幾分鐘前記住的方向往墜機地點急駛而去，但是很快的空氣中就充滿了一股濃厚的燃油味道，他將小艇的速度減慢，對著那個味道的方向開去。

可怕現場

十幾分鐘之後，一幅恐怖的畫面在瑪奇斯前面展開，靠著頭頂上的一支小電筒，他看到撕裂的機身，一排排仍然被安全帶繫住但已不再動彈的旅客，然後，他聽到了一個聲音：「我的頭抬不住了。」瑪奇斯轉頭看見一位旅客仍然綁在座椅上，但是那個椅子卻是倒吊在那裡，使他的頭部浸在水中，而水面上浮著的都是由飛機油箱中漏出來的燃油。那人努力的將他的頭抬在水面上，但是就像他所說的，他已經沒有力氣再將頭抬高了。瑪奇斯由他的小船跳進沼澤，走到那個人的身旁，先扶住那人，然後非常小心的將那人的安全帶鬆開，那人馬上就掉到水裡，濺了瑪奇斯一臉的燃油，他眼睛感到一陣刺痛，那人在露出水面之後，也開始狂叫：「我看不見了！我看不見了！」瑪奇斯將他扶到小船旁邊，讓狄更生看住那人，自己繼續再搜索其他倖存的客人。

新婚老公朗諾被一陣嗆鼻的燃油味道驚醒，發現自己置身在一片鋸齒草當中。他解開安全帶的同時，雙手也被那些鋸齒草割的鮮血直流。他知道飛機已經墜毀，而他幸運的得以在這場悲劇中生還，他急著在附近尋找新婚妻子，可是在漆黑的環境下，他也只能藉著呼叫及摸索來搜尋新婚妻子。只不過莉莉沒有朗諾那樣幸運，她在墜機中喪生。

二十三歲的空服員比佛莉・瑞波莎（Beverly Raposa）在黑暗中摸索著，希望能找到一支手電筒，她知道在她座椅上方就有一支電筒，但此刻她卻根本無法摸到任何熟悉的東西，雙手所接觸的儘是支離破碎的物品。她聽到附近傳出呻吟聲，這下她稍稍放心了，因為還有別人在這場空難中生還，於是她扯起嗓子大喊：「我是空服員，如果你能聽到我的聲音，請向我這邊集合，我是空服員。」

聖誕歌聲劃破夜空

坐在機身左邊機翼稍前、靠窗座位的航空工程師李察，雖然在飛機開始重飛之際就記下了緊急逃生門與他座位之間的關係，但是他沒有想到機身竟然會在他的座位前斷裂，而且飛機在撞地那一剎那間造成了一股火焰在客艙中流竄，嚴重灼傷了他的臉部及雙臂。他本想將安全帶解開，但他看不清處周遭的情況。他想著，不知飛機是否墜落在機場西邊的沼澤裡，沼澤裡有無數的鱷魚及水蛇等危險生物，他實在不願意在躲過墜機的災難之後卻被那些野生動物吃掉，所以他決定暫時在他的位置上待著，等待救援來臨。

就在瑪奇斯靠著頭上那隻小電筒在黑暗中摸索前進時，他突然聽見一陣聖誕歌曲的聲音傳來，他順著歌聲的方向往前走，然後他看到了一個讓他畢生難忘的景象：十幾個僥倖生存的旅客在空服員瑞波莎的引導下，擠在一塊大的殘骸下唱著聖誕歌曲。瑞波莎見到瑪奇斯之後，對他說：「我知道救援會馬上來到，所以我請大家一起唱聖誕歌，這樣才能指引救援的人找到我們的位置。」瑪奇斯正想告訴她，他並不是正式的救援隊伍，但此刻他又聽到了遠處的空中傳來一陣直升機的聲音。他轉頭向空中看去，看到一架直升機開著探照燈正在墜機點的南方盤旋著，瑪奇斯於是將頭上的小電筒摘了下來，對著那架直升飛機的方向揮動。

海岸警衛隊的救援直升機飛在黑暗的愛佛格雷沼澤上空，機上的兩座強力探照燈向四下掃描著，希望能找到飛機墜毀的地點。在十幾分鐘前，他們從基地奉命緊急起飛時，所得到的訊息只是有一架三星式巨型客機在愛佛格雷沼澤區墜毀，並沒有提供墜機的精確地點，所以那架直升機只能在大約的地區上空尋找。

坐在直升機右艙門的唐．史耐克（Don Schneck）士官突然看到在飛機的北邊有微弱的燈光在閃動著，他用機內通話系統向機長報告，機長轉頭也看到了那微弱的燈光，於是將飛機對準那個燈光飛去。在還沒有飛到那個燈光上空時，飛機上的探照燈已經看到散落在沼澤上的飛機殘骸，於是將那個地點的座標報回給航管中心。

在一片殘骸中唱著聖誕歌曲的倖存者，看著天上一批批前來的直升機，都不禁喜極而泣，救援終於來了。

東方航空公司四〇一號班機一共有一百六十三位乘客和十三位組員，在飛機失事的過程中有九十六位旅客及五位組員不幸喪生。駕駛艙的正、副駕駛及飛航工程師均不幸罹難，十位空服人員中也有兩位喪生。在駕駛艙中的公司維修工程師安奇羅．唐納戴歐是幸運的一位，飛機墜毀時他與飛航工程師瑞波一同在下艙中試圖以目視來確定鼻輪的姿態，他與瑞波都受到嚴重的骨折與內傷，瑞波在墜機後兩天去世，但是唐納戴歐卻在休養三個月之後回到公司上班。另一位搭便機的副駕駛，華倫．泰瑞則不幸在飛機墜毀時喪生。

新飛機怎麼會撞掉？

剛開始展開失事調查時，大家最納悶的一件事，就是為什麼一架幾乎是全新的飛機，會在自動駕駛的控制下撞到地面？這個問題很快的就由黑盒子④中的紀錄找到了答案。失事調查委員會發現：自動駕駛在十一點三十八分三十四秒時，被正駕駛以推駕駛桿的方式關掉，而根據通話記錄器⑤顯示，正駕駛在同一時刻正在下令飛航工程師到下艙去目視檢查鼻輪狀況，於是失事調查委員判斷正駕駛在轉身與飛航工程師說話時，不經意的將駕駛桿向前推了一下而鑄成大錯。

經過六個月的詳細調查之後，美國國家交通安全委員會（NTSB, National Transportation Safety Board）在一九七三年六月發表了此一失事案件的調查報告。報告中指出，失事的主要原因是：在鼻輪警告燈指示不正常之後，駕駛艙中的四個人（正常機組組員三人加上搭便機的維修工程師）都在忙著處理這一個狀況，而即使飛機在自動駕駛的控制之下飛行，**在最後的四分鐘之內，竟沒有一個人去注意飛機上的儀錶**。

是誰在開飛機？

一個小小的燈泡失靈（有一說是，該燈泡的價值只有十二美元），是否需要四個人去處理這件事？在我們知道這件事的悲慘後果之際，大家當然會說「不需要」，但是當時在駕駛艙裡有四位專業人士：機長、副駕駛、工程師、搭便機但一直停留在駕駛艙內的維修工程師。這四人怎麼會想不清楚這麼簡單的道理呢？當副駕駛首先發現鼻輪指示不正常之後，在塔台指示下爬到兩千呎之後，副駕駛曾問正駕駛：「……你要我繼續飛嗎？」表示他很瞭解他與正駕駛之間是要有一個人來「飛」飛機、來操控飛機。以下我們就來檢視，當時機艙內到底是誰在負責飛這架飛機。

---

④黑盒子（Black Box）請參閱附錄。

⑤通話記錄器（CVR, Cockpit Voice Recorder）請參閱附錄。

● 燈泡問題初現：此時是副駕駛正在操控飛機。

● 正駕駛指示副駕駛將自動駕駛啟動：此時等於是將「飛行」的責任交給了自動駕駛。

● 正駕駛又叫副駕駛將那個有問題的燈泡拆下來：此時就是將副駕駛的飛行責任解除。

● 在副駕駛試著解決燈泡問題的當下，正駕駛又命令飛航工程師到下艙去目視檢查鼻輪狀態：此時駕駛艙中只剩下機長一個人可以注意飛機的狀態及儀錶。

● 機長此刻的作為：偏偏他不是忙著想幫副駕駛弄燈，就是在生氣，根本沒有去注意飛機的狀態。

● 結果：嶄新、價值千萬美元的飛機，其實是在沒有人「飛」的情況下撞地失事。

如果當時有問就好了

另外一個因素在失事調查中有提到，但並未列為失事原因的就是：航管人員在發現飛機高度已經脫離指定高度時，並未通知飛行員。航管人員事後解釋，航管雷達有時會有錯誤的高度顯示，所以他當下決定：如果雷達在下一次顯示時，該機的高度還是超低的話，他再通知飛行員。

這是有道理的，因為一般飛行員都不希望航管人員管的太多，航管的責任只是引導飛機進場，並確定不同的飛機之間保持一定的安全距離。航管人員繼而表示，他雖然沒有通知飛行員那架飛機的高度已經偏低，但是他卻立刻與那架四〇一次航班聯絡，詢問該機的狀況，而飛行員在回答他的時候，並沒有任何拖延，而且飛行員回答時的聲調，讓他覺得那位飛行員對周遭的所有狀況都在掌握之中，所以他就沒有多嘴。

在他不願多嘴的一念之間，一百多個生命就在愛佛格雷的沼澤中灰飛湮滅！

徹底翻轉民航界

東方航空公司第四〇一次班機的悲劇，對今日大家搭機接觸到的民航界有著深遠的影響。其中最重要的有下列兩點：

接近地面警告系統的研發與問世：東方四〇一次班機在高度低過設定高度兩百五十呎時，警鈴曾發出一聲「咚」的警告聲，那是唯一的一次警告，偏偏座艙中沒有人聽到那聲警告。那架飛機失事之後，美國聯邦航空總署（FAA, Federal Aviation Administration）要求航空電子業設計出一套系統，可以在飛機接近地面時，發出警鈴及「Terrain! Pull Up!（地障！拉起！）」的語音來警告飛行員。這個系統在研發出來之後，美國聯邦航空總署在一九七四年下令，所有的客機都必須安裝這套警告系統。

座艙資源管理（CRM, Cockpit Resource Management）：這個概念因為此次事件在商用航空界開始萌芽。雖然這個專有名詞直到一九八一年才由美國的聯合航空公司率先使用，但在東方航空公司四〇一次班機出事之後，就有人開始提到「必須有效的去利用座艙內有限的人力資源」。四〇一次班機的機長完全沒有這個概念。如果他能指派一人來「飛」飛機，注意儀錶，那麼鼻輪指示異常將只是航程中的一個小插曲而已。

另外一個重要的影響就是，此次失事之後航管人員都被告知，在任何時候如果看到有不正常的情況，必須儘快的通知飛行員。其實這一點不僅是對航管人員重要，在我們日常生活當中也是相當重要的觀念，當我們注意到一個不正常的狀況時，千萬不要認為「有關人員一定已經知道，不需要我多嘴。」須知，即使有關人員已經知道有不正常狀況，再告訴他一聲並不礙事。反之，一場重大的災難就可能在有人「不願意多嘴」的情況下發生。

第2章

紀律廢弛

尖峰航空（Pinnacle Airlines）3701航班基本資料

日期時間	2004.10.14
機型	CRJ-200
航班代號	9E 3701
地點	密蘇里州傑佛森市
機上人數（飛行組員）	2
死亡人數（飛行組員）	2

尖峰航空3701航班的最後時刻

22：12：37　【機長】跑道怎麼找？
22：12：40　【航管】OK，從你的方向就在360航向。
22：12：45　【機長】360……轉嗎？
22：12：51　【航管】尖峰3701，航向360，8英里
22：12：59　【機長】左轉朝360…我們能到機場嗎？
22：13：09　【機長】我們看不見機場。航向360。你有沒有進一步資訊？
22：13：17　【機長告訴副駕駛】你繼續和她聯絡……
22：13：20　【副駕駛呼叫】我們情況怎樣？航向360，無法目視機場。
22：13：24　【航管】繼續左轉…現在概略是你350航向。
22：13：33　【機長】哪裡？哪裡？
22：13：36　【機長】直前方……跑道在哪啊？
22：13：37　【機長】我們和跑道對齊了沒？跑道在哪？
22：13：44　【機長吩咐副駕駛】……再叫她一次。
22：13：49　【副駕駛呼叫】尖峰3701目視機場信號燈在12點鐘方向。跑道是在030航向嗎？
22：13：55　【航管】尖峰3701，信號燈在跑道盡頭。
22：13：59　【副駕駛】好我看見進場端了，在12點右側。
22：14：03　【機長】哪裡？
22：14：10　【副駕駛】向右轉一點。
22：14：11　【機長】向右一點？
22：14：17　【機長】我們進不了場了。
22：14：25　【副駕駛】覺得我們還好……
22：14：36　【副駕駛】老兄，我們沒辦法了！沒辦法了！
22：14：38　【機長】有道路嗎？告訴她（航管）我們到不了機場。
22：14：39　【副駕駛呼叫】我們到不了機場，附近有道路嗎？

22:14:43	【機內警告語音】太低！起落架！
22:14:46	【機長】別放起落架……媽的我不想撞到房子。
22:14:51	【副駕駛】道路在那！
22:14:52	【機長】哪裡？
22:14:52	【副駕駛】轉！轉……往你左轉，左轉
22:14:54	【機內語音警告】太低！起落架！
22:14:58	【機內語音警告】太低！地障！地障！！
22:15:00	【機內語音警告】嗚！嗚！拉起！嗚！嗚！拉起！
22:15:03	【機長】喔幹我們要撞房子了老兄。
22:15:05	【機內語音警告】嗚！嗚！拉起！
22:15:06	（撞擊聲響，錄音停止）

內容取自座艙通話紀錄器的錄音抄本，內容並非完整，有時僅為描述現場氛圍。用詞非專業航空術語。時間皆為當地時間。

飛行員真的都很有個性嗎？

在我的印象裡，每個飛行員都是很帥的，不論是穿著連身的軍中飛行衣，或是掛上金色肩章的民航飛行裝扮，都有他們獨特的「帥」勁兒。

或許是因為「飛行」這個行業，並不是一個很傳統的行業，進入這一行業的人也多少有點桀驁不馴的個性。也就是因為這種天性，飛行員們在漫漫蒼穹中，總是想往前再跨出一步，去探索那最後的未知境界。這種性格確實在發展航空科學的路途上提供了相當的協助，使人類在發明了飛機不到七十年之後，就登上了月球表面。

在航空技術已經相當成熟的今天，航空公司絕不願意旗下的任何一位飛行員有桀驁不馴的個性，他們希望所有的飛行員都能按正常程序來操作飛機，因為任何背離正常手續的操作，都有可能將飛機帶入危險境界，這是任何一家航空公司最不願意見到的情況。

可是多數飛行員的心裡，總有一些不拘的個性。一旦那種個性在工作期間流露出來時，可就是麻煩的開始……

耍帥雙人組，登機！

二〇〇四年十月十四日晚上，尖峰航空公司（Pinnacle Airlines）因為排班上的須要，決定調動一架加拿大龐巴迪製造的CRJ200型客機由阿肯色州小岩城到明尼蘇達州的明尼亞波利斯。因為這是一次空機的調度，所以飛機上除了正副駕駛兩人之外，沒有任何其他人。

擔任那個航班正駕駛的是杰西・洛德斯（Jesse Rhodes）。他從小就立定志向以航空為終身事業，也從小就具備了飛行員那種浪漫氣息的天性，朋友們也都知道與他在一起不會有任何無聊的時刻。

杰西於一九九五年五月於艾莫瑞—瑞多航空大學（Embry-Riddle Aeronautical University）畢業之後，曾擔任飛行教官三年，然後在州際航空公司（Trans States Airlines）擔任過兩年的副駕駛，後來也在灣流國際航空公司（Gulfstream International Airlines）擔任正駕駛兩年。當他於二〇〇三年二月進入尖峰航空公司時，雖然只有三十歲，但已有八年的飛行經驗及超過六千小時飛行時間，算是「老」飛行員了。

公司裡大部分曾與杰西一同飛行過的副駕駛都認為他是一位技術優良的飛行員，也是非常熱情的夥伴。他不會讓任何與他搭檔的副駕駛感到緊張，即使是第一次與他飛行的副駕駛，杰西都會設法讓他輕鬆下來。

雖然同事的飛行員都對他讚不絕口，但是公司有位模擬機教官在帶過杰西一次後，卻認為他是一位對標準程序不太重視的馬虎飛行員。那位教官發現，他不但有時略過了程序清單，還會在唸出清單上的指令後，卻不去執行剛唸出的指令。而且那位教官覺得杰西的飛行技術僅是「平常」而已，同時他也指出杰西的最大缺點是欠缺在緊急情況時的判斷力。

事發當天，杰西在底特律的家中擔任待命任務，他在下午五點鐘時接到航務中心的電話，要他在晚上七點到機場報到，然後搭公司的一班飛機前往小岩城，抵達後與一位副駕駛搭檔，把那架CRJ200飛送到明尼亞波利斯。這是一個相當輕鬆的班次。

與杰西一同飛送那架飛機的是二十三歲的彼得．希薩（Peter Cesarz），才剛進公司不久，飛行經驗僅有區區七百多小時。不過所有與他飛過的機長及模擬機教官都認為他是一位中規中矩、遵守程序的副駕駛。

耍帥二人組：起飛！

那架將被飛送到明尼亞波利斯的CRJ200是一架已有四年機齡、一萬多小時飛行時數的五十人座的中程噴射客機，機身為西北航空公司區域性航班（Northwest Jet Airlink）的塗裝，機身主要是灰、白雙色，機尾是漂亮的紅色。

那架飛機當天上午本來是被安排由另一組空勤人員飛送到明尼亞波利斯去，但是那架飛機在起飛時，儀錶板上顯示出二號發動機運轉不正常的警訊，於是兩位飛行員放棄起飛，將飛機滑回停機坪，經過維修人員幾個鐘頭的檢修之後，那架飛機才得以再度掛上「妥善」的標籤。

杰西與彼得兩人駕著那架CRJ200於當晚九點二十一分，以第三七〇一次班機的代號由小岩城起飛。根據杰西填報的飛航計畫，他們將以三萬三千呎的高度飛往明尼亞波利斯。起飛五秒鐘之後，機長杰西將飛機的仰角拉到二十二度，使飛機的上升率達到每分鐘三千呎。

因為仰角過高，爬升率也過高，飛機的操控電腦很快就做出反應：電腦讓駕駛盤開始顫抖，警告飛行員飛機即將失速，然後電腦控制的駕駛盤就會朝下向前推去，讓飛機保持在正常的爬高率之內。

當飛機以正常爬高率爬到一萬五千呎之後，機長杰西再度將飛機的仰角拉到十七度，使飛機的爬高率一度飆高到每分鐘一萬呎。當飛機快速的衝到兩萬四千呎的空層時，機長杰西將飛機改平飛，然後他向副駕駛彼得表示，他想把飛機朝上衝到四萬一千呎的空層——該型飛機的最高昇限。

副駕駛彼得剛開始有些遲疑，但他是一個飛行總時間不到一千小時的資淺副駕駛，該怎麼對一位總時間超過六千小時的正駕駛說「不」？於是他告訴正駕駛：「好吧，就讓我們飛到四萬一吧！」他的語調有些勉強。

杰西接著向航管要求爬到四萬一千呎的空層，航管很快的批准了這個請求。

耍帥二人組：飛高高！

杰西得到航管的許可之後，第三次將飛機的機頭拉高，這次他將仰角拉到十度，飛機再度以超過平常爬升率兩倍的速度向上衝去！

晚上九點五十一分，飛機衝到了四萬一千呎的空層。飛機上的通話記錄器也錄下了當時駕駛艙內兩人的對話。

「哇喔，好棒。」副駕駛彼得很興奮地喊道。

「真是，你看我們真的飛到這麼高了。」杰西的口氣也很興奮。

「真不敢相信，瘋狂！真的是四萬一千呎哪！」

「值得慶祝一下。你要喝什麼嗎？」杰西問彼得。

「我一罐百事可樂就好了。」彼得說著。

「什麼？一罐可樂？我以為你會要一罐啤酒。」杰西笑著說著。

「酒櫃上是有貼封條的喔。」彼得也笑著回應。

耍帥二人組：成就達成！

杰西隨即將座椅朝後挪，站起來走到後艙拿了兩罐百事可樂，回來將一罐可樂遞給彼得。

正當駕駛艙裡的兩位飛行員喝著可樂慶祝、互相笑謔著談笑時，航管人員對著他們喊話了。

「尖峰三七〇一，你們機型是CRJ200嗎？」

「三七〇一，正確。」杰西回答。

「我們在四萬一千呎！」彼得興奮的接說。

「我從來沒見過你們飛到這個高度。」航管人員似乎不相信他所看到的雷達訊息。

「是啊，今天飛機上沒有乘客，所以我們決定到這個高度來找點樂子。」杰西笑著說。

「喔，瞭解。」

「這個高度也是我們的昇限了。」彼得接著說了一句。

在那個高度，在那個時刻，駕駛艙裡的兩個人相當興奮，也非常的快樂，因為他們已經進入了一個「非正式」、卻在該機型飛行員之間擁有崇高地位的「四萬一俱樂部」：只有用CRJ200型飛機飛到那個高度的飛行員才能加入。

耍帥二人組：一定要超越極限！

然而，他們的興奮卻是短暫的。就在他們還沈醉在世界頂峰的同時，飛機的空速卻已經降到失速邊緣的每小時一百五十浬（馬克〇點五三）。①這時飛機操控電腦判斷在此刻的高度及速度，飛機很快就會失速，於是啟動駕駛盤的顫動來警告飛行員：飛機即將失速。

駕駛艙裡的兩位飛行員卻不願意就此降低高度，所以他們決定不去理會那個警訊。操控電腦發現飛行員並沒有採取任何補救步驟之後，便發出一個指令，將駕駛盤向前推去。然而就在駕駛盤剛向前推去之際，機長杰西卻決定覆蓋那個指令。

「嘿，看來我們飛得到這個高度，卻很難維持在這個高度。」彼得說著。

「嗯，看來在這個高度我們無法維持平飛。」就在杰西回應彼得的時候，操控電腦又再度企圖將駕駛盤向前推去，以增加飛機的速度，杰西又覆蓋了那個指令。

操控電腦又連續下了兩次指令，想讓飛機俯衝下去，但是那兩個指令又都被杰西覆蓋過去。就在杰西第四次覆蓋操控電腦推桿的指令之後，飛機發動機就因為在那高度的空氣太過稀薄，以及飛機的空速太小，沒有足夠的空氣進入發動機，而導致兩具發動機幾乎就在同時熄火了。

笑容僵住了

「我們沒有任何動力了。」副駕駛彼得的聲音似乎有點緊張。

「我知道。」杰西簡單的回應著，他大概正在設法瞭解飛機的全盤狀況。

發動機熄火，飛機速度立即慢了下來，在兩位飛行員還沒能做出任何反應之前，飛機就失速了！

失速之後，這架五萬多磅的飛機很快就像自由落體似的向地面掉下去，高度錶的指針也像風車似的向反時鐘方向轉動。失速改正是任何飛行員在學飛的過程中，最先學到的幾個技巧之一，所以很快的杰西就將飛機在三萬八千呎的高度改出，恢復了對飛機的控制。

按照規定，此時他應該立刻向航管報出飛機兩具發動機全部失效的消息。或許他覺得他可以輕易將發動機重新啟動，因此不願意讓人知道他是因為多次覆蓋操控電腦指令而惹出眼

①有關空速，請參閱附錄。

前的麻煩。

其實，當時的情況看起來雖然危急，但因為飛機高度夠高，即使無法重新啟動發動機，以這樣的高度，機長還是可以滑翔迫降到附近六個機場中的任何一個機場。所以在杰西這種經驗老到的飛行員看來，眼前還不是什麼太危險的情況。

杰西將飛機由失速中改出之後，雖然沒有通知航管他的兩具發動機均已熄火，但是他卻沒有忘記向航管要求將飛機的高度降到三萬七千呎，航管很快就批准了這個請求。

根據飛機發動機的規範，如果要嘗試空中開車，必須讓飛機達到每小時三百浬的空速，在這個速度之下，發動機風旋的轉速才會讓壓縮器產生足夠的壓力，使發動機重新啟動。

繼續用力掩蓋真相

當時飛機的空速僅有一百七十浬左右，如果要達到三百浬的速度，勢必要讓飛機俯衝。於是杰西再度向航管要求降低高度，這時他仍然沒有向航管報告飛機兩具發動機均已失效的訊息。

杰西要彼得將飛機的空速增加到三百浬，於是彼得將機頭推下，在地心引力的作用下，空速錶的指針開始朝順時針方向旋轉，可是彼得僅將機頭推下約四點四度，二十五秒之後機頭就又恢復到平飛的狀態，那時的空速錶指針指示著兩百浬的空速。

機頭擺平之後不久，通話記錄器裡又錄下了杰西叫彼得繼續增加空速的聲音，只是這時他的聲音中已顯示出焦急的氣氛。彼得再度將機頭推下，空速也開始繼續爬升，但是這次推頭他也僅是將俯衝的角度推到七點五度而已，所以空速增加到兩百卅六浬之後就不再增加。這個速度也是該班機由四萬一千呎開始下降到墜地之前，飛機所達到的最高空速。

事後根據黑盒子的資料發現，即使空速達到了兩百多浬，但是發動機的N2指示（渦輪轉速）卻始終指著零。於是杰西決定將輔助動力系統啟動，想用那個系統所產生的壓縮空氣來啟動發動機。他向航管人員要求進一步將高度降低到一萬三千呎，這時他大概覺得應該將飛機的狀況通知航管了，免得航管覺得奇怪為什麼要將高度降到那麼低。然而他還是沒有完全將實情說出，他僅表示飛機有「一」具發動機熄火。

活命籌碼不斷流失

飛機通過兩萬四千呎的空層時，還擁有足夠的高度可以飄降到附近的四個機場，但是機長杰西似乎將所有的注意力焦點都放在「重新啟動發動機」這件事上，完全沒有想到退一步的方案。而在這場生命的賭注中，他手中的籌碼正在快速流失中……

這時飛機高速向下俯衝，時速高達兩百餘哩的氣流由發動機中通過，照理說那麼強的風在通過壓縮葉片時，壓縮器一定會像風車在強風中似的風旋。但是兩具發動機的轉速卻還是沒有任何動靜，依然指在零的位置。

飛機降到一萬三千呎左右時，杰西試著用輔助動力系統的壓縮空氣去啟動那兩具彷彿被鎖住的發動機。但那股強烈的壓縮空氣衝進發動機的渦輪時，渦輪仍然沒有任何動靜，與渦輪同在一根軸上的壓縮器也就相對的靜止在那裡。

在這之後的幾分鐘之內，杰西又試了三次，想用壓縮空氣去啟動發動機。每次都像前一次一樣，發動機的壓縮器及渦輪完全被鎖住，沒有任何轉動的跡象。

飛機的高度已經掉到一萬呎了，而且還繼續以每分鐘一千五百呎的速度向下墜去。杰西與彼得才知道自己遇上麻煩了，而且是相當大的麻煩！

到了這個時刻，杰西終於叫彼得向航管人員報告他們真實的狀況。副駕駛彼得於是宣佈飛機發生緊急情況，兩具發動機都已熄火，要求航管人員將他們引導到最近的機場迫降。

然後他們就掰了

航管人員告訴他們，正前方就是杰佛森機場，並將機場的代號、儀器進場（ILS）波道、定位台（Localizer）波道及機場的氣壓資料通知兩位飛行員。

彼得在駕駛艙中瞪大了眼睛往正前方望去，希望盡快看到機場的旋轉信號燈。

「你看到機場了嗎？」機長杰西問道，他的聲音已經顯示出他的焦急。

「我還在找。」彼得也是相當的緊張。

彼得再度詢問航管人員機場與他之間的相對方位，航管告訴他機場該在他的十一點位置。彼得回覆航管，他認為他應該看到機場的跑道燈了。這就是航管人員與尖峰航空三七〇一班機的最後一次通話。

當彼得告訴杰西跑道的方位之後，杰西歎了口氣說著：「我們進不了場了。」幾秒鐘後杰西又問彼得：「有沒有任何公路可以讓我們落下去？我們沒法飄進機場了。」

雷達資料顯示飛機就在那時向左轉，朝著一條較為平直、有燈的公路飛去。

「不要放起落架，我不想撞到房子。」杰西似乎喃喃說著。

晚上十點十五分時，通話記錄器錄到了操控電腦所發出來的語音警告聲音：「太低，起落架！」「太低，地障！」及「拉高！拉高！」這幾句警告語音不斷在駕駛艙內重複著。

錄音機所錄到最後的聲音是杰西說的：「我們要撞到房子了！」兩秒鐘之後，飛機就撞到了樹，錄音機也在那時停止錄音。

飛機在距離傑佛森機場跑道兩英哩處墜毀，杰西與彼得都沒逃過這一劫，受到巨大的撞擊力而喪生。很幸運的是飛機沒有撞到任何房屋，地面沒有人受到波及。

能犯的錯誤都犯了

國家交通安全委員會剛開始調查的時候，根據航管人員的敘述，認為這只是一起因為飛機發動機熄火而造成的空難。等到看見黑盒子裡的飛行狀況資料，又聽到通話記錄器所錄下的飛行員對話之後，他們才瞭解這次純粹是因為飛行員「耍帥」而導致的空難！

調查員根據黑盒子的資料發現，從起飛的那一刻開始，凡是可以犯的錯誤，兩位飛行員幾乎都犯了，然後一步步將自己帶向死亡，例如：

不可容忍的虛榮

首先，在剛起飛之後，兩位飛行員完全忽略了正常爬高的程序，而將飛機以大仰角衝到四萬一千呎的高度，這完全只是為了滿足個人的虛榮，想加入所謂的「四萬一俱樂部」。

故意違背電腦的安全措施

爬到飛機的昇限時，飛機的操控電腦已察覺當時的高度及速度無法維持正常的平直飛行，於是啟動挽救措施將駕駛盤向前推，試圖讓飛機降低高度。但機長杰西四次覆蓋那道電腦指令，企圖讓飛機繼續待在四萬一千呎的空層來滿足他的私慾。這種蠻幹的手段導致飛機的發動機在四萬一千呎的高度因為無法獲得足夠的空氣而熄火。

隱瞞緊急狀況

機長杰西在飛機發動機熄火之後，並未遵守程序及時向航管報出飛機發生緊急狀況，並準備向最近的機場進行熄火迫降程序。

沒有維持足夠空速

根據緊急程序的步驟，這型飛機在雙發動機熄火的狀況下，飛行員必須將空速一直保持在時速兩百四十浬，直到預備以風旋方式啟動發動機時，再將空速增加到時速三百浬。但當天由發動機熄火開始一直到飛機墜毀，空速從沒高過兩百卅六浬。

機長未主動負責，即時接手駕駛飛機

當機長杰西囑咐副駕駛彼得將飛機的空速增加到時速三百浬，以便用風旋的方式來啟動發動機之後，副駕駛彼得因為經驗不足，未能將機頭推到足夠的俯衝角度，讓飛機達到空中風旋啟動所需的速度。這時機長杰西並沒有負起他擔任機長的責任：他應該立即接手，自己控制飛機，將飛機加速到三百浬的時速。

機長拙劣的判斷

當機長杰西發現飛機的發動機無法以風旋啟動時，此時應該立刻決定對著附近的一個機場進行飄降程序（那時他附近尚有四個機場可以安全的飄降），別再管啟動發動機了。

發動機為何無法重啟

除了以上這些人為的失事因素之外，失事調查員們也想知道為什麼那兩具發動機一直無法空中開車？

飛機的空速一直無法達到時速三百浬，固然是無法空中開車的主要原因，但調查員們也注意到那兩具發動機的渦輪轉速Ｎ２始終是在零的指標上，即使後來杰西試著用輔助動力系統的高壓空氣來啟動發動機時，發動機的渦輪仍然像是被鎖住一樣的沒有轉動。

這實在是一個讓人不解的狀況，因為壓縮器與渦輪都是在同一根軸上，兩百多浬的強風吹在壓縮葉片上時，壓縮器與渦輪就該像風車在強風中一樣，開始轉動。飛機失事之後，那兩具發動機運回原廠商通用電器（General Electric）檢查，技術人員也沒發現渦輪有任何鎖住的狀況，渦輪及壓縮器都可以隨意轉動。這就更讓調查人員想瞭解到底是因為什麼原因，導致那兩具發動機的渦輪在飛機飄降的過程中無法轉動。

進一步調查之後調查人員發現，該型發動機（CF34-3B1）曾有過渦輪軸心鎖住的記錄，原因出自「渦輪葉片」及「渦輪外殼」兩者熱膨脹係數不同。當發動機在高空熄火後，**渦輪外殼的冷縮速度比渦輪葉片要快，於是就會導致渦輪葉片與外殼產生摩擦，一旦渦輪葉片完全停止運轉，渦輪外殼就會將渦輪葉片卡住，讓渦輪無法轉動，造成渦輪軸心鎖住的狀況。**這種情形會一直延續到渦輪葉片的溫度與外殼的溫度相同時，才會解除。

為了防止渦輪軸心鎖住，飛機操作手冊內有關發動機熄火緊急程序的敘述中，要求飛行員們在發動機熄火之後，一定要控制飛機的空速保持在每小時兩百四十浬，這樣才能讓渦輪繼續風旋轉動。但這道指令並沒有說明「為什麼要這樣」，僅是要求飛行員保持兩百四十浬的時速，而沒有說明「兩百四十浬的空速」與「發動機渦輪軸心鎖住」之間的關係。

對後來的影響

國家交通安全委員會在對這樁空難事件的調查工作告一段落之後做出結論：失事的主要原因是飛行員本身沒有遵守程序，又對飛機的性能與發動機熄火後的緊急操作程序不熟悉。交通安全委員會於是針對這些狀況做出了下列幾項預防建議，免得同樣的事再度發生。

- 區域性的小航空公司必須加強飛行員「高高度飛行」的訓練，讓飛行員瞭解飛機在空氣稀薄的高高度下的操作技巧。
- 區域性小航空公司必須不定期檢視飛機上的飛行記錄器，尤其是在沒有載運旅客的飛送班機勤務，以確保飛行員沒有做任何不符合規定的動作。
- 航空公司用模擬機對飛行員進行飛機在高空進入不正常動作時的改正技巧。
- 尖峰航空公司在CRJ200發動機熄火的緊急程序上，明白指出發動機熄火後，控制時速在兩百四十浬，是為了防止發動機渦輪軸心鎖住。
- 與飛行員協會合作，建立起一套課程，專門訓練飛行員在飛行時如何保持專業行為，以便確保未來的飛行員不會有「脫序」的行為。

國家交通安全委員會將失事的原因及這些建議放在一起之後，編成了一本厚達一百餘頁的失事調查報告。報告出爐後這起失事案件就此結案，此後除了遇難家屬之外，恐怕不會有太多的人記住這次純粹因為飛行員耍帥而導致的空難。

然而，無論公司對飛行員們進行多少的訓練與「再教育」，只要飛行員心中繼續存有那股狂野不拘的個性，這種莫名其妙的空難還是會發生的……

第3章

「我以為……」，造成的可怕後果

美國ValuJet Airlines 592航班基本資料

日期時間	1996.5.11
機型	DC-9-32
航班代號	J7 592
地點	邁阿密
機上人數（乘客+飛行組員）	105 + 2
死亡人數（乘客+飛行組員）	105 + 2

ValuJet 592航班的最後時刻：座艙通話紀錄

13：43：32	【副駕駛讀完滑行前檢查表】
13：46：55	【凱蒂機長告訴副駕駛】我負責起飛、負責決定放棄起飛，V 1是136。
13：48：04	【兩位飛行員閒聊著有關機場內有些罕見的老飛機】
13：49：51	【機長指示副駕駛】你要不要告訴他們……【副駕駛透過機內廣播系統告訴乘客】各位我們暫停讓前方橫越的班機先過，預計在地面等待5到10分鐘之後，他們就讓我們一路直飛亞特蘭大。
14：00：15	【機長告訴副駕駛】我們是下一個起飛順位。
14：02：30	【副駕駛對客艙廣播】我們已獲允許進入跑道，請大家坐好。
14：03：34	【引擎轉速提高的聲音】
14：03：57	【副駕駛】100浬
14：04：07	【副駕駛】 V1！
14：04：07	【機長】Check！
14：04：09	【副駕駛】帶機頭！
14：04：15	【機長】收起落架。
14：04：32	【副駕駛】午安，離場台，Critter 592高度五百爬向五千。
14：04：36	【航管】Critter 592午安，雷達接觸，爬升並維持在七千。
14：09：03	【異音：駕駛艙麥克風頻道唧唧聲，機內廣播頻道嗶嗶聲。】
14：10：07	【機長】那是什麼？
14：10：08	【副駕駛】不知道
14：10：15	【機長】我們電力有問題。
14：10：20	【機長】怎麼什麼都沒了？

14:10:21	【航管】Critter 592聯絡邁阿密航管中心，波道132.45。
14:10:22	【機長】我們需要…我們需要折返邁阿密。
14:10:25	【客艙傳來女性喊叫聲】失火了！失火了！
14:10:27	【男性喊叫聲】我們著火了！我們著火了！
14:10:31	【來自駕駛艙，無法確知誰發話】呃……592需要立即折返邁阿密。
14:10:36	【更多客艙的喊叫聲】
14:10:41	【航管】你們的狀況是什麼？
14:10:44	【機長】飛機著火了。
14:10:46	【來自駕駛艙，無法確知誰發話】呃……機艙有煙……客艙濃煙。
14:10:47	【航管】瞭解。
14:10:49	【機長】高度是多少？
14:10:49	【副駕駛】7千。
14:11:10	【客艙內的喊叫聲】
14:11:12	【空服員在駕駛艙內說】全都著火了！
14:11:13	【副駕駛】Critter 592，我們需要那個……呃……最近的機場。
14:11:45	【座艙通話紀錄器中斷1分12秒】
14:12:57	【駕駛艙內傳來空氣驟然湧入的巨大聲響】
14:13:25	【座艙通話器錄音停止】
14:13:27	【航管】Critter 592，下降並維持在兩千。
14:13:43	【航管】Critter 592，歐帕·拉卡機場，你前方15哩。

內容取自座艙通話紀錄器的錄音抄本，內容並非完整，有時僅為描述現場氛圍。用詞非專業航空術語。時間皆為當地時間。

我剛進入航空界工作的時候，有一位同事曾給過我一個忠告：Never assume anything, because ASSUME is made of ASS of U and ME.

英文可以將ASSUME（以為）這個字分開來變成ASS（有蠢蛋、愚頑人之意思）、U及ME等在英文中有意義的字，但是在中文裡就無法很傳神的將「以為」那兩個字拆開來表示與英文一樣的意思。

這句話可以這樣理解：絕不要說「我以為」，因為英文的「以為」若加以拆解，可以得到另外三個字：「笨蛋」、「你」、「我」。

當然，如果真要是將它翻成中文的話，只能按照它的意思翻成：「永遠不要『以為』任何事，因為那個後果將使你我都很難堪。」

「以為」是在沒有任何證據下的主觀認為。而這個態度在凡事都需要確定、再確定的精密航空界裡是絕對不允許的，所以在航空界裡所有的事故、保養及維修都必須要記錄下來，沒有記錄的事就等於沒有發生，絕對不可以「以為」已經做了。

下面要說的故事，就是因為一位技工「以為」一批氧氣製造器是「空」的「氧氣罐」，並在託運單上寫下「空氧氣罐」等幾個致命字眼，而導致一百一十個人失去了他們寶貴的生命！

三

一九七八年之前，任何人想要在美國開設航空公司，或是一家現有的航空公司想要開闢一條新的航線，都必須要先向民用航空局（CAB, Civil Aeronautics Board）申請；而在政府官僚系統下，需要冗長的時間才能辦妥事情。這種情形，就引起了許多民怨，想開航空公司的人不斷抱怨政府為了保護現有航空公司的既得利益，故意在申請過程中為難他們；而現有的航空公司也在抱怨政府在他們申請新航線時管太多。於是在許多國會議員及參議員的聯手下，國會於一九七八年立法促使民用航空局解除了對航空公司的管制，這就是對美國民用航空界影響深遠的《航空業解除管制法》（Airline Deregulation Act of 1978）。

政府取消了對航空公司的管制之後，許多廉價航空公司就如雨後春筍在美國各地區成立，只是那些航空公司來的快，消失的也快，許多公司成立還不滿一週年，就無法支撐下去，被其他同業併購。

那些廉價航空公司，既然標榜著「廉價」，票價就必須訂的比其他航空公司低，在收入比其他航空公司要少的時候，就必須要減少開銷，才能有利潤。在這減少開銷的過程中，最常被選中的項目就是「人事」（航空公司最大的兩項開支經常是燃料和人事），因為人事的費用出入最大，同樣的工作在大航空公司可以拿到年薪十萬，但在廉價航空說不定只能拿到一半或是更少，這種情況下能雇用到的員工，其水準就不言而喻了。

只想降低成本

美國ValuJet航空公司是在一九九三年成立於喬治亞州的一家廉價航空公司，剛開始營運的時候只有一架購自達美航空公司（Delta Airlines）、機齡已高達二十六年的DC9型客機，公司用那架老舊的飛機在美國南部各州載客飛行。即使後來公司開始賺錢，還是繼續購買高機齡的舊飛機來載客，以壓低營運成本。那時的ValuJet是美國境內所有航空公司中，飛機的平均機齡最老的一家公司。

為了節省開銷，ValuJet航空公司真是無所不用其極，在每各地方都盡量削減成本。他們所使用的一些減少支出手段，會讓其他的廉價航空公司聽了都瞠目咋舌，覺得太過分。比方說他們會要求飛行員自行支付訓練課程費用，或者無論任何理由航班必須折返或轉降時，則那段未完成的航程都不會算進飛行員的薪水裡。這種條件雖然苛刻，然而公司裡的飛行員卻從來沒有缺過人，那是因為許多年輕人在考取商業飛行員執照後，苦於沒有真正的客機飛行經驗，無法達到進入大航空公司的標準，於是就會委曲求全進入ValuJet這種廉價的小航空公司，想在那裡取得難得的客機飛行經驗，期待日後一旦正規的大航空公司有缺時，就可以藉著這些經驗作為跳槽的本錢。

在機務方面，公司也是盡量壓低成本，他們將所有的維修及地勤工作都外包給一家名叫Sabre Tech的公司來執行，這樣就可以不必負擔地勤員工的福利，進一步壓低人事費用。

在公司如此控制開銷的情況下，公司果然有了相當傲人的盈利，光一九九四那年就創下了兩千一百萬美金的盈餘，讓每個股東都眉開眼笑。

然而，長期雇用沒有經驗的飛行員又購買老舊的飛機，並將維修外包給別家公司，終究會出麻煩的。

三

一九九六年五月十一日，星期六，也是母親節的前一天，許多人都在那天返家陪母親過一個溫馨的節日。邁阿密國際機場從早上開始就擠滿了回家過節的旅客，ValuJet的櫃檯前也是擠滿了人群。

下午一點十分，ValuJet一架DC9型客機在邁阿密機場落地，那是一班由亞特蘭大飛來的班機，本來應該在十二點半抵達，但是因為出發前飛機出了一些狀況，維修人員花了點時間才將故障排除，所以耽誤了大約半個多小時。這架飛機預備在邁阿密停留半個小時之後，再以五九二次班機的呼號飛回亞特蘭大。

積極努力的機長

因為在邁阿密只停留半個小時，所以飛機停妥後，機長凱蒂·庫別克（Candi Kubeck）並沒有進入航廈，只是待在駕駛艙裡休息。副駕駛李察·哈森（Richard Hazen）則走下飛機。到停機坪去對飛機做三百六十度的周檢。

三十五歲的凱蒂機長，是當時美國民航界裡少數的女性機長，她在前一天才過了三十五歲生日，那天稍早她執飛由阿拉巴馬州伯明翰市到亞特蘭大的班機，機上的組員還特別在起飛之前，為她舉行了一個驚喜生日派對。

凱蒂雖然只有三十五歲，卻已有了二十年飛行經驗。她從十五歲開始學飛，十六歲取得飛行執照之後，就想成為一位民航飛行員。為了達到這個願望，她進大學拿到了航空學的學士學位，又相繼取得了儀器飛行執照、飛行教練執照及商業飛行執照，更以當飛行教練的機會來增加自己的飛行時數。但是這一切努力，都無法讓她順利的在航空公司找到一個飛行員的職位，只因為她沒有大客機的飛行經驗！

一九八九年美國東方航空公司的維修技工因為薪資問題無法與公司當局取得共識，因此決定罷工來逼公司就範，該公司的飛行員工會決定以行動支持技工的罷工，也同時進行罷工。公司為了抵制工會罷工，開始大量雇用非工會會員的技工及飛行員，凱蒂就在那時如願以償進入東方航空公司，成為空中巴士A300的副駕駛，只是那些參與罷工的飛行員在她開始執行勤務的第一天起，就開始了對她不停的騷擾及恐嚇。

東方航空公司終究抵不住工會的罷工，而於一九九一年宣告倒閉。凱蒂那時已有了近兩年的大型客機飛行經驗，她以為她可以憑著那些經驗而在其它大航空公司尋得一份飛行員的差事。只不過每次她和那些大航空公司航務部門的飛行主管面談時，對方知道她不是工會會員，又曾經在別人罷工時，跨越工會罷工線去上班，都會找個理由不雇用她，因為那些主管多半都是飛行員工會的會員。凱蒂很快就知道，她身上所背負著的那個跨越罷工線的標籤，會讓她永遠無法在有工會的大航空公司裡找到飛行員的工作。

凱蒂離開東方航空公司之後，又回到了她最初的起點，在飛行學校擔任教練。這樣一直到一九九三年，ValuJet航空公司在亞特蘭大成立，雖然她知道那家公司薪資偏低，條件也很苛刻，但為了能再度圓那成為「民航飛行員」的夢，她立刻前去應徵飛行員的職位。以她那時已有兩千多小時的大型客機飛行經驗，所以很快就被雇用，而且在半年之內就因為表現優異而被晉升為機長。

致命貨物

副駕駛李察環繞著飛機走了一圈，做完對飛機的周檢之後，有位地勤人員將一份貨運清單交給他過目。地勤告訴他，除了客人的行李之外，還有七百多磅屬於公司的物品也放在前貨艙內。李察接過那份清單看了看，發現那七百多磅的東西是兩個飛機的主輪、一個鼻輪及五箱氧氣罐，而在「氧氣罐」的後面又用括弧寫上「空的」。看起來這些都是相當平常的物品，並沒有任何危險性，所以李察也就沒多問，地勤人員於是就將那七百多磅的物品放進了飛機的前貨艙。

前貨艙是一個屬於「D」級的密封式貨艙，根據聯邦航空總署（FAA）的規章，這型的貨艙並不需要火警警告器及滅火裝備，因為總署裡的專家們認為，既然貨艙是完全封閉，那麼即使在貨艙中有任何東西著火，也會因為貨艙中的氧氣很快就燒完，火勢就會自動熄滅，所以不必裝上警告器及滅火裝備。

一百零五位客人登機之後，凱蒂機長急著請空服員趕快關門，因為此時邁阿密的地面滑行管制單位已經通知她，要她儘快滑出——原因是朝著亞特蘭大進場的飛機太多了，稍後很可能必須請那些預備飛往亞特蘭大但尚未起飛的飛機，先暫停朝著亞特蘭大出發，免得抵達後要在天空花很多時間盤旋等待落地。

這架DC9客機的航班呼號已改成五九二，於下午一點四十四分由邁阿密機場的登機門後推，開始滑向跑道。

飛機一面滑行，機長凱蒂一面對副駕駛發出指令：「由我操作起飛。若發生任何情況，也由我放棄起飛，襟翼放在五，放棄起飛的V1速度是一百卅六浬。①如果離地之後發生狀況，由我操縱飛機返場，你負責與地面聯絡。」

「瞭解。」李察聽了之後簡單的回答。他雖然只是副駕駛，但是由空軍退役的他卻有超過一萬一千多小時的飛行經驗。不過在這一萬餘小時的飛行時間中，有六千多小時是他在空

①V1即起飛臨界速度：在起飛過程中，飛行員必須決定是否要繼續起飛的速度，在V1速度之前，如果放棄起飛，飛機尚可在剩餘的跑道上安全煞住，超過V1速度之後，即使飛機發生故障，也必須繼續起飛離地，要不然飛機會衝出跑道。

軍中擔任飛航工程師，並不全是操作飛機的飛行時間。

那架DC9客機的機齡已有二十六年，擁有超過六萬八千小時的飛行時間及八萬架次的起落，已經算是高齡飛機，所以即使每次飛行都符合聯邦航空總署的飛航標準，沒有大毛病，小毛病卻是不斷。該機前一天執飛由亞特蘭大到德州達拉斯的往返班機時，就曾發生飛機在自動駕駛的控制下，不斷出現前後仰俯，飛行員只好將自動駕駛關掉，全程用手抓著駕駛盤來飛。這個問題經地勤人員檢修過後沒有解決，所以當天稍早凱蒂依舊是靠人工控制，將飛機由亞特蘭大飛到邁阿密。這趟飛回亞特蘭大的航程，也必須用人工控制。

下午兩點零三分，五九二次班機得到塔台的起飛許可。凱蒂機長鬆開煞車，用右手將兩具發動機的油門向前推上，儀錶板上的發動機儀錶及空速錶指針都開始順時鐘方向轉動，飛機在跑道上開始向前衝刺。

「V1！」李察看著空速錶指針通過一百卅六浬時，對著凱蒂說。

「知道了。」凱蒂簡單的回應。

幾秒鐘之後，李察又說了聲「帶機頭！」凱蒂也簡單的回答「知道了」，將駕駛盤向後拉，飛機隨即離地並開始爬高。

飛機離地，李察與邁阿密塔台道別，開始與離場台聯絡：「離場台，午安，Critter

五九二（Critter是ValuJet航空公司的呼號）高度五百，正在爬高。」

「Critter 五九二，離場台，午安，雷達接觸，爬高到七千呎。」航管員杰西．費雪（Jesse Fisher）在他的雷達幕上已經看到了那架五九二次班機。

「好的，Critter 五九二，七千呎。」

飛機在飛行員的控制下，依照離場台的指示向七千呎爬高，後艙的空服員開始用廣播系統向旅客做一些有關飛航方面的報告，一切情形都顯示這趟旅程將是一個正常的航班。

在後繼的幾分鐘之內，離場台又給了五九二班機一個新的航向，並指示它爬到一萬六千呎的空層。

「著火了！著火了！」

然後就在下午兩點十分，五九二班機還在爬高的時候，在駕駛艙中的兩位飛行員都同時聽到了一聲像是氣球爆破的聲音。

「那是什麼聲音？」凱蒂問道。

「我不知道耶。」李察說。

然後幾乎就在同時，駕駛艙儀錶板上的電子儀器全數失靈了。

「電力系統出狀況了。」駕駛艙的錄音系統錄到了凱蒂焦急的聲音。

「所有的系統都失效了……我們必須立刻回邁阿密機場。」凱蒂繼續說著。

「Critter 五九二，與邁阿密航管中心聯絡，一三二點四五（航管中心波道），再見。」

航管員杰西在那時認為五九二次班機即將飛出它的管制區域，因此請它繼續與航管中心聯絡。然而那時五九二次班機的駕駛艙裡卻因那突發的狀況，已忙成一團，根本沒有空去回覆離場台了。

即使是在駕駛艙裡，這時都可以聽到後面客艙中有位女性高聲叫道：「著火了！著火了！」緊接著又有一位男性以更高的聲音喊著：「火！著火了！火！著火了。」

「Critter 五九二，請與邁阿密航管中心聯絡，一三二點四五。」因為先前的指示沒有得到五九二次班機的回應，杰西再度呼叫五九二次班機，並重複原先的指令。

「呃……五九二必須立刻折返邁阿密。」這次李察回應了杰西，但卻是提出了緊急返場的要求。

「Critter 五九二，瞭解，左轉二七〇，下降並保持七千呎。」

「二七〇，七千呎，五九二，」李察盡量保持著冷靜，回應著離場台。

「Critter 五九二，你遇上什麼麻煩了？」

「呃……駕駛艙內有煙……客艙裡也有煙。」

「瞭解。」杰西回答了五九二次班機之後，轉頭向後叫了一聲：「我這裡出狀況了，需要一位領班來。」

一位領班走了過來，在杰西旁邊坐下看著雷達幕，並將自己的耳機插入插座，這樣就可以完全聽到杰西與五九二班機之間的通訊。

杰西發現五九二次班機雖然回應了先前的指示，但並沒有開始左轉，於是他又呼叫五九二次班機：「Critter 五九二，當你可以左轉時，請轉向二五〇並下降保持五千呎。」

「二五〇，五千。」李察顫抖的聲音顯示他已經完全被當前的狀況所懾服。

就在那時，五九二次班機駕駛艙的門被一位空服員打開了，她對著飛行員喊說：「我們需要氧氣，後艙沒有氧氣了！」

通話記錄器的資料顯示兩位飛行員都沒有回應那位空服員的請求，也許他們忙得根本沒有時間回答。但即便此刻兩位飛行員有空回答她，恐怕他們也絕不會將客艙的氧氣面罩釋放下來，因為客艙也著火了，而氧氣雖然可供人呼吸，但更會助燃火勢。

五九二次班機裡的火勢顯然已經失控，李察似乎覺得已經無法安全回到邁阿密機場，他按下通話按鈕與杰西聯絡：「Critter 五九二，我們需要……呃……我們需要最近的機場。」

可能是因為無線電中雜音太多，杰西並沒有聽到李察的這個要求。後來在失事調查委員會進行調查的時候，他被問到，如果他有聽見這個請求的話，他會不會做一些不同的建議？杰西表示在事後他也一直在想這個問題，當時那架飛機附近是有一些較近的飛機場，但是失事的DC9距離邁阿密機場僅有二十七哩，而且邁阿密是個大機場，救難裝備也比較齊全，假如有聽到李察轉降最近機場的要求，他覺得他還是會將飛機帶往邁阿密國際機場。

「Critter 五九二，機場的救難人員已經就位，你可以直接對著十二號跑道進場。」杰西將機場救難準備的狀況通知五九二次航班。

「……需要雷達指引。」李察的聲音越來越緊張。

「Critter 五九二，左轉一四〇。」

「一四〇。」這是李察最後一次回應航管的指示。

盡管先前杰西曾多次通知五九二次班機左轉及下降高度，但直到現在，杰西才在雷達幕上看到五九二次班機開始緩緩的向左轉去，高度也逐漸下降。

「Critter 五九二，繼續轉，轉到一二〇。」

一直在與杰西通話的李察這次沒有回話，但杰西卻聽到了兩次無線電通話按鈕按下的聲音，他認為那是李察通知他，已聽到指令的訊號。

「Critter 五九二，請與邁阿密近場台聯絡，呃，更正，不需要，你就保持這個頻道。」

通常進場的飛機在接近機場時，航管中心會將飛機的指揮與控制權交給近場台。不過衡量當天的緊急情況，杰西決定自己一直與那架飛機保持聯絡，將那架飛機安全帶到機場。

當五九二次班機的高度降到七千五百呎時，它的轉彎角度突然加大，下降率也大幅增加，就像是對地俯衝似的，那架飛機在雷達幕上所顯示的高度竟是XXX，表示雷達的電腦指示已經無法跟上飛機的急速高度變化。事後失事調查委員會根據黑盒子的資料計算，飛機那時的左偏角度高達六十度，同時在三十秒之內飛機的高度下降了六千餘呎！看著那架飛機這樣的大動作，杰西心中一驚，他幾乎不敢繼續盯著雷達幕看下去。

突然間奇蹟似的，五九二次班機由大轉彎及俯衝中改出，杰西覺得說不定飛行員又重新掌握住了飛機，他趕緊按下通話按鈕，並對著五九二次班機說道：「Critter 五九二，繼續轉到一〇〇，然後加入十二號跑道左右定位器（Localizer）。」

杰西的耳機中仍然只是無線電的靜電聲，五九二次班機沒有給他任何反應。然後，雷達上又顯示出五九二次班機開始向右大角度的轉彎，那時飛機的高度僅有九千呎，但是速度卻高達五百浬。

杰西看著雷達上所顯示的資料，突然意識到那架飛機已經不可能安全的回到邁阿密國際機場了，一場悲劇即將發生，他幾乎是機械式的再度呼叫五九二次班機：「Critter 五九二，歐帕．拉卡機場就在你前面十五哩。」

就在那時，一架Piper私人小飛機正飛在愛佛格雷沼澤上空，飛機上的飛行員丹尼爾．穆耳浩（Daniel Muelhaupt）正帶著他的朋友李察．德利斯（Richard Delisl）在附近做空中遊覽。當丹尼爾向他的朋友解說二十餘年前一架東方航空公司的L1011巨型客機就在那片沼澤中墜毀時，他的眼角餘光看到在他的十點鐘方位似乎有一架飛機正在做特技，他轉頭望去，只見一架飛機的雙翼幾乎與地面成垂直角度的在飛行，他先是以為那架飛機正在做懶八字的動作，②然而他再仔細看清楚時，他發現竟是一架DC9客機。這種姿態絕不是一架客機正常的飛行狀態，而且那架飛機的高度太低了。他立刻對著他的朋友大叫：「那裡有一架飛機，就要砸下去了！」

就在這電光石火的一刻，那架DC9客機一頭栽進了愛佛格雷沼澤，激起一大片水花及黑煙。丹尼爾趕緊將飛機對著墜機的地點飛去，同時通報航管人員一架大型客機剛剛墜毀！

丹尼爾飛到墜機現場上空時，沼澤的水面已漸趨平靜，僅有一些漣漪還在水面盪漾，有些浮油飄在水面上，完全看不到任何飛機的殘骸。他實在難以想像，那麼大的一架飛機竟就這樣不留一點痕跡的完全被沼澤吞噬了。

邁阿密上空依然晴空萬里，飛機仍然陸續在國際機場起飛落地，但是五九二次班機上一百一十個人的生命卻驟然終止。丹尼爾飛在失事現場上空，望著翼下似乎已經恢復平靜的沼澤水面，心中卻想著：到底是什麼原因讓那架飛機由空中墜落？

三

到底是什麼原因讓那架飛機由空中墜落？

這不但是當時丹尼爾飛在失事現場上空時的問題，國家交通安全委員會的失事調查小組、ValuJet航空公司及所有罹難者的家屬、親戚與朋友們都有同樣的問題。

根據航管人員杰西的報告，失事調查小組在找到黑盒子與駕駛艙錄音機之前，就知道飛機上發生了火警。但火是由哪裡開始的？這就是調查小組開始調查時的重點。

時間再回推到一年多以前，另一架同機型的ValuJet五九七航班從亞特蘭大飛往邁阿密

②懶八字是飛機性特技飛行的動作，亦即在空中畫出一個「8」的形狀。

時，在亞特蘭大就發生了引擎失火。失事調查小組的成員中有些人參與過一年前的五九七次班機著火意外事件，對那次失事的情形記憶猶新。所以這次聽說這架飛機也是因為著火而導致失事墜毀，他們第一個念頭就是：這次飛機著火會不會也像第五九七次班機一樣，是由飛機發動機故障而引起的？

不管調查人員先入為主的想法是什麼，所有的結論都必須有事實的根據。所以調查人員最初幾天在失事現場，最重要的任務就是尋找飛機上的黑盒子，希望裡面有足夠的資料可以讓調查人員瞭解在失事之前飛機的狀況。

不敢想像乘客的遭遇

沼澤的水並不深，在水下有一層一兩呎厚的污泥，在那下面就是非常堅硬的石灰石，當五九二次班機以時速五百浬的速度撞入沼澤之後，整個機身立刻被撞得粉碎，所有碎片都沈澱在水下污泥中，僅有少量較輕的物品浮在水面上，讓搜索殘骸的過程更加艱鉅。

在找到黑盒子之前，調查人員注意到了有些金屬物品有被燒熔的痕跡，仔細檢查之下，他們發現那是客艙座椅的底座。這使調查人員大吃一驚，因為座椅的底座是鋁合金製成，它的熔點是攝氏八百一十五度。這表示在飛機墜毀之前，機艙內的火勢非常的猛烈！調查人員根本不敢去想那種狀況之下，客艙裡的乘客是如何度過他們生命中的最後幾分鐘！

失事後第三天，一位搜救人員在一片污泥中找到了黑盒子，它的外殼雖然在巨大的撞擊力下已經變形，但裡面登錄的資料卻沒有受到任何損傷。資料清楚顯示，飛機的發動機完全沒有故障，也沒有超溫的現象。這表示機艙內的火並不是由發動機引發的。

既然起火點並不是發動機，調查員就開始探討其它可能致火的原因。

找不出起火的原因

此刻恰逢一九九六年亞特蘭大奧運開幕前夕，自然就會有人想到會不會是恐怖份子在飛機上裝置了燃燒彈一類的起火裝置？於是調查員就將找到的部分機身內部殘骸送到華府國家交通安全委員會的化學實驗室，去做化學分析，看是否能在殘骸上找到任何火藥的痕跡。

化學實驗室經過仔細的分析，無法從殘骸中找到任何火藥的痕跡。

也就在這個時候，搜救人員找到了飛機的座艙通話記錄器。通話記錄器和黑盒子一樣，都是失事調查過程中非常重要的環節。因為黑盒子僅是將飛機機件的狀況記錄下來，而座艙通話記錄器卻是將駕駛艙內最後三十分鐘的所有對話都記錄下來，調查人員可以經由這些資料瞭解飛行員在最後那段時間對飛機的操作情形。

調查人員聆聽座艙內錄音的時候，聽到了下午兩點十分讓飛行員首度警覺到飛機有問題的氣球爆破聲，緊接著就是凱蒂機長與副駕駛之間有關電力系統出了問題、所有的儀錶指示全部消失、他們必須立刻返回邁阿密的對話。

根據這段對話，調查人員在黑盒子的資料中也發現電力系統就在那時中斷，因此調查人員認為有可能因為那架飛機的機齡已高達二十六年，老化的電線發生短路現象，繼而導致電線起火。這是個合乎邏輯的判斷，所以調查人員也開始在殘骸中檢視所有的電線，想看看有沒有任何電線短路的現象。但是在飛機殘骸的電線中，調查人員並未找出任何電線因為短路而走火的跡象。

就在調查工作似乎陷入膠著狀態之時，一位調查人員將貨艙的託運清單拿來檢視，乍看之下也沒有任何值得深入調查的項目。但他在第二次查看清單時，有一項「空的」氧氣罐卻引起了他的注意。

嚇壞人的答案

他想不透航空公司怎麼會有一批空的「氧氣罐」？於是他到ValuJet的外包維修廠家SabreTech，找到當天填寫清單的技工，問他那批氧氣罐是從哪裡來的。技工回答，「氧氣罐」是由一架ValuJet剛買來的MD82上面拆下來的。這個答案使得調查員大吃一驚，**因為裝在飛機上的並不是「氧氣罐」，而是「氧氣製造器」！**

一般人看到「氧氣罐」這個名詞時，多半是想到一個裝著氧氣的罐子，所以看到「空的」氧氣罐就會認為那只是一個空的罐子。但是飛機上為了座艙失壓時而提供氧氣的裝置，並不是單純一個裝著氧氣的瓶子而已，而

SabreTech

SHIPPING TICKET NO: 01041

REPLY TO: P.O. Box 6063 • Miami, Florida 33102-6063 • Phone: (305) 871-6650

SHIP TO: ValuJet Airlines

DATE: 5/10/96

ATTENTION: Stores

ITEM	QTY	U/M	PART NUMBER	SERIAL NUMBER	COND	DESCRIPTION
1	5	ea	"5" boxes			Oxy Cannisters "Empty"

CUSTOMER FURNISHED MATERIAL RETURNED PER CUSTOMER INSTRUCTIONS

ValuJet 592航班的托運清單，請注意箭頭所指圓圈處為技工填寫的「Oxy Cannisters“Empty”（氧氣罐，空）」等字樣。（圖／NTSB）

是將幾種化學物品摻在一起之後，引起化學變化而產生氧氣的裝置。

這種裝置在緊急情況時，可以產生足夠三人呼吸十五分鐘的氧氣，而飛機在那十五分鐘之內絕對可以下降到一個不需要氧氣就可以正常呼吸的高度。有人會問，為什麼飛機上不直接攜帶氧氣呢？那是因為如果要帶足供給所有旅客及空服人員十五分鐘的氧氣，那麼那些氧氣筒、管路及降壓裝置，加起來將是一個非常可觀的重量。在一切都以節省重量為前提的航空公司裡，這種裝置當然沒有那小小的「氧氣製造器」來的吸引人，所以目前幾乎所有的民航機裡裝的都是這種小的「氧氣製造器」。

這種裝置雖然輕巧，卻有一項非常麻煩的缺點，那就是當啟動之後，幾種化學物品摻在一起，因化學變化而產生氧氣時，會產生高達攝氏兩百六十度的高溫，所以在飛機上這些裝置的四周都有防熱裝置來護衛，免得高熱影響到附近的其它物品。

既然那些裝置裡裝的是幾種不同的化學物品，而每種化學物品都有它的可用年限，為了防止在化學物品的可用年限過了之後，無法產生純質的氧氣，所以每個裝置都有使用年限。這次五九二班機上所載的「氧氣製造器」就是由一架剛買的舊飛機上所拆下的「過期」裝置。那些化學物品雖然已經過期，但是它們的化學特性並未改變，也就是說一旦混摻在一起，還是會產生氧氣及高溫。

所以放進五九二次班機貨艙的既不是「空的」，更不是單純的「氧氣罐」。

根據「氧氣製造器」的製造商之基本程序，所有氧氣製造器在由飛機上取下來之後，必須立刻裝上一個安全帽栓，以避免在搬運過程中，不慎觸發了啟動開關。但是SabreTech公司卻沒有準備安全帽栓。技工將氧氣製造裝置由飛機上拆下來後，既然沒有安全帽栓可使用，就自作主張用膠帶將啟動開關的拉繩固定住。他們認為這樣可以防止開關在運送途中因震動而啟動。接著技工又將氧氣製造器疊在一起放入紙箱子裡，周圍用塑膠泡沫包裝來填滿空間。

最糟糕的是，那位填寫託運清單的技工，以為「過期」的氧氣製造器，就是裡面的氧氣已經漏光，所以他就在那清單上寫下「空的氧氣罐」。

亖

那幾個字，其實就是飛機上一百一十個人的死亡宣判書！因為調查人員認為飛機上的火，就是由那幾箱「氧氣製造器」所引起的。

調查人員為了證明這個論點，還特別作了一次試驗：他們依照託運清單，將相同數量的氧氣製造器放在一個密閉的貨箱裡，然後依照飛機滑行時的震動頻率來抖動貨箱。果然抖動開始之後不久，就發現有些氧氣製造器被啟動了。

發生事故的當時，貨艙裡的氧氣製造器啟動後所產生的高溫，將承裝的箱子引燃，火焰又將附近的旅客託運行李引燃。原本DC9式客機密封式貨艙的設計概念是，在火苗發生時，艙內的空氣燒光後火焰會自動熄滅。但是這次引發火苗的是「氧氣製造器」，它不斷製造助燃的氧氣，使貨艙裡的火勢越來越大，貨艙中有個託運的飛機輪胎受熱在烈火中爆炸，調查人員聽了那爆炸聲，頓時瞭解在通話記錄器裡所聽到的那聲如氣球爆炸的聲音是怎麼一回事了！

至此，這次失事的原因完全真相大白。

三

根據這些測試結果及黑盒子裡的其他資料，ＮＴＳＢ在次年（一九九七）八月提出了他們對這次失事的調查報告，報告裡指明這次飛機失事的主要原因是：

1.SabreTech未能按照標準程序將安全帽栓裝在拆下來的氧氣製造器上，也沒有正確的在託運清單上註明那些是「過期的氧氣製造器」。ＮＴＳＢ認為那些氧氣製造器在拆下來之後，如果能立刻安裝安全帽栓的話，就不會在震動的情況下啟動。

2.ValuJet未能有效監督SabreTech，確認該公司所有作業程序都符合標準。國家交通安全委員會指出，ValuJet將包括維修在內的所有地勤事務，都發包給SabreTech來處理及運作，但是ValuJet仍然有責任來確認SabreTech有確實遵守所有的標準程序。

3.聯邦航空總署考慮不周，未能要求航空公司在「D」級的封閉貨艙內裝設火警警告器及滅火裝置。NTSB認為如果這次的貨艙內裝有火警警告器及滅火裝置的話，飛行員就會在火警剛發生時就掌握情況，而有足夠的時間可以將飛機飛回機場。

這份調查報告尚未出爐之際，早在五九二班機失事之後一個月，聯邦航空總署就以飛機維修資料不完整的理由，將ValuJet航空公司停飛。一直到三個月之後，所有飛機都完全經過檢修，才獲准復航。但那時公司的元氣已大傷，再低的票價也無法吸引足夠的客人來維持公司的營運，ValuJet航空公司終於在一九九七年與Air Tran航空公司合併，合併後的新航空公司選擇繼續使用Air Tran的名稱，而將ValuJet那塊已惡名昭彰的招牌永遠停用。

聯邦大陪審團也在一九九七年，失事調查報告發表之後，對SabreTech公司以「處理危險貨物不當」及「未曾對員工進行危險貨物處理的訓練」的兩個理由起訴。經過兩年訴訟之後，所有罪名全部成立，該公司被處以兩百萬美元的罰款及九百萬美元的賠償費。

再多的罰款與賠償都無法改變那架客機帶著一百一十條人命墜毀在愛佛格雷沼澤的事實。但是法庭卻希望經由這次血的教訓，眾多的廉價航空公司及維修單位能瞭解到不遵守規定的嚴重後果。

然而，除了遵守規定之外，更重要的是心態，許多罹難者的家屬永遠不會忘記那位SabreTech的技工在法庭上所說的那句話：**我以為那些氧氣罐是空的**。

第4章

不當節省成本，變成無解的局面

阿拉斯加航空公司第261航班基本資料

日期時間	2000.01.31 下午
機型	麥道MD-83型客機
航班代號	AS 261
地點	自墨西哥波多維拉塔飛往舊金山、西雅圖
機上人數（乘客+飛行組員）	83 + 5
死亡人數（乘客+飛行組員）	83 + 5

阿拉斯加航空公司261航班的最後時刻

16：09：55	【261班機】航管，阿拉斯加261，我們……呃……進入俯衝。
16：10：01	【航管】阿拉斯加261，請重覆。
16：10：03	【261班機】（模糊難辨的聲音）……俯角
16：10：04	【航管】阿拉斯加261，請重覆。
16：10：06	【261班機】對…我們離開2萬6千呎……在垂直俯衝……還不算俯衝……無法控制飛機高度……
16：10：07	【航管】阿拉斯加261，收到。
16：10：28	【261班機】我們在2萬3千呎，請求……呃……好了我們恢復控制了。我們不需要……（語音模糊難辨）
16：10：36	【航管】阿拉斯加261，請指明你想要的空層高度。
16：11：03	【航管】阿拉斯加261，請回報現狀。
16：11：06	【261班機】我們在2萬4千呎，好像穩住了，先慢下來，嗯……處理一下情況。請你保留給我，嗯……2萬到2萬5千呎的空層。
16：11：21	【航管】阿拉斯加261，你有2萬到2萬5千的空層。
16：11：26	【261班機】阿拉斯加261，我們會停在2萬到2萬5千呎，保持在通話頻道上。
16：14：03	【航管】阿拉斯加261，需要任何協助請通知我。
16：14：07	【261班機】（語音模糊）……還在處理。
16：14：09	【航管】知道了。
16：14：53	【航管】阿拉斯加261，洛杉磯中心在26點52頻道，他們已經知道你的狀況了。
16：14：59	【261班機】請把頻道重述一遍……120……52
16：15：03	【航管】呃……阿拉斯加261，26點52。

16：15：06　【261班機】謝謝你。

16：15：19　【261班機】洛杉磯，這裡是阿拉斯加261，我們在2萬2千5百呎，尾翼水平安定面卡住，很難維持高度，呃……感覺可以繼續維持高度，我們要降落洛杉磯。

16：15：35　【航管】阿拉斯加261，瞭解。你可以從目前位置直接進場，穿越聖塔蒙尼卡直降洛杉磯。你現在要下降嗎？你現在想做什麼？

16：15：56　【261班機】中心，阿拉斯加261，我想降低到一萬呎，將飛機的外型調好，然後試一下在那種外型下我是否還能安全的控制飛機，如果可能的話，我想在海上做這些事。

16：16：06　【航管】OK，阿拉斯加261，瞭解了，你先待命一下。

16：16：07起　【航管彼此討論要給261何種指引】。

16：16：31　【航管】阿拉斯加261，航向280，下降並維持在1萬7千呎。

16：16：38　【261班機】280，1萬7，阿拉斯加261，我們需要一個淨空的空層。

16：16：44　【航管】我等下給你進一步指引，用35點5頻道聯絡洛杉磯，他們會進一步指引你。

16：16：56　【261班機】瞭解，35點5。請說洛杉磯高度表設定值。

16：16：59　【航管】洛杉磯高度設定表設定值30點18。

16：17：01　【261航班】謝謝。

16：18：02　【航管呼叫附近的一架小飛機】司令式50DX，你一點鐘距離四哩有向西飛的班機，正從1萬8千呎下降到1萬7千，他是阿拉斯加的波音或麥道80機

	型。你看得到他嗎?在你右邊高處。
16:18:18	【編號50DX飛機】這裡是DX,正在找。
16:18:37	【航管】阿拉斯加261,你還聽得到我嗎?
16:18:52	【50DX飛機】洛杉磯,DX,我們看見他了,一點鐘高處。
16:18:56	【航管】50DX瞭解了,幫我們留意,他故障頗嚴重,他目前不會降到1萬7以下,但幫忙留意他好嗎?
16:19:07	【50DX飛機】DX遵辦。
16:19:09	【航管】感謝。
16:19:20	【航管呼叫】天際西方5154班機,你一點鐘方向15哩外有飛機向西飛,大約1萬7千呎高度,是阿拉斯加的MD83,你前面右方高處。看得見嗎?
16:19:31	【天際西方5154】嗯我們在找,5154。
16:19:39	【50DX飛機】50DX,那架飛機正在大角度向下衝。
16:19:43	【航管】大角度向下,謝謝你。天際西方5154,那架MD80正在你一點鐘……現在是你兩點鐘10哩外。另有飛行員回報說那架MD狀況很慘,在你前面右方,你看得到嗎?
16:19:55	【天際西方5154】是的,沒錯,他……呃……他機頭朝下,俯衝的姿態,下降速度好快。
16:20:01	【航管】OK,持續留意他。阿拉斯加261,你聽得見我嗎?
16:20:20	【50DX】飛機倒轉過來了。
16:20:22	【航管】OK,看來他機腹朝上……在你前方倒轉了。天際西方5154,請持續留意他。
16:20:29	【天際西方5154】(語音難辨)……看得見他……肯定失控了。
16:20:32	【航管】瞭解。

16：20：39 【天際西方5154】（語音難辨）……他機腹朝上倒過來了。

16：20：46 【航管】繼續你的動作，天際西方5154，持續回報情況。

16：20：59 【50DX】喔他剛剛墜海了。

16：21：03 【天際西方5154】啊……對，他……啊……墜海了，他……呃……掉下去了。

16：21：09 【航管】瞭解。

16：21：11 （天際西方5154與50DX回報261班機墜海的位置）

內容取自座艙通話紀錄器的錄音抄本，內容並非完整，有時僅為描述現場氛圍。用詞非專業航空術語。時間皆為當地時間。

「啊，他……欸……他……欸……撞進海裡了，他已經……欸……砸掉了！」公元兩千年一月卅一日，加州外海上空，一架天際西方航空公司（SkyWest Airlines）的飛行員親眼目睹了一個駭人景象：阿拉斯加航空公司（Alaska Airlines）二六一航班在空中翻滾著，然後衝進加州懷尼米港（Port Hueneme）外的太平洋。天際西方的飛行員驚魂未定，向航管人員報出這個噩耗。

航管人員在聽到天際西方航空公司飛行員的報告後，一時愣在那裡，不知說些什麼好。自從接到了阿拉斯加航空二六一班次傳出機械故障的訊息以來，這位航管就一直擔任與該班機的聯絡。現在，他難以相信的是，只不過幾分鐘以前，阿拉斯加的飛行員還向他詢問有關洛杉磯機場的降落相關資訊，可是現在……不單是飛行員，而是那一整架飛機裡的乘客，都已經命喪大海了。

亖

時間往前推移，那天是公元兩千年一月三十一日，雖然時值嚴冬，但是在墨西哥西海岸的波多維拉塔（Puerto Vallarta）卻仍保持著氣候宜人的攝氏二十四度。當地的機場擠滿了來往的人潮，各家航空公司的班機從北方嚴寒地區帶來了一批批度假的遊客，又載回一批批身上已被晒成古銅色、臉上帶著笑容的歸鄉客。

中午十二點三十九分，阿拉斯加航空公司一架MD83由西雅圖飛抵波多維拉塔，即將搭載八十餘位旅客飛返舊金山、西雅圖兩地。這批旅客當中，包含了阿拉斯加航空公司自己的十二位員工及二十三位員工眷屬，他們是趁著旅遊淡季，拿著公司的員工票到墨西哥度假。

負責把那架飛機飛回美國的是五十三歲的泰德．湯普森（Ted Thompson），他在阿拉斯加航空公司已有十八年的工作經驗，在那之前是美國空軍巨型C141運輸機的飛行員，飛行總時間幾乎達到兩萬小時，是一位經驗豐富的飛行員。

他的搭檔是五十八歲的比爾．坦斯基（Bill Tansky），同樣經驗豐富。他的年紀雖然比湯普森機長大，但飛行總時數只有湯普森機長的一半，亦即八千多小時，不過這八千多小時有絕大部分是在MD83這型飛機上累積出來的。他預備兩年之後就由飛行線上退休，然後就專心從事網上股票交易。

下午一點三十七分，這架MD83飛機已被編成阿拉斯加航空第二六一次班機，由波多維拉塔機場起飛，預計四個小時後抵達舊金山；一部份的旅客在舊金山下機之後，該機繼續飛往終點站西雅圖。

尾翼卡住了

客機駕駛艙內的通話記錄器只能錄半個鐘頭的對話，所以空難事件發生後，由機體殘骸中尋獲的通話記錄器裡的錄音資料，只有從下午三點四十九分四十九秒開始的內容。在這之前兩個多小時座艙內的動靜，我們僅能由飛航記錄器裡所記下的飛機動態，及飛行員與公司調度部門之間的通話來揣測。

根據飛航記錄器裡的資料，飛行員在起飛三分鐘之後，也就是下午一點四十分，將自動駕駛啟動，此刻飛機正通過六千兩百呎的空層。自動駕駛在接過對整架飛機的操控之後，調整飛機尾翼的水平安定面，使飛機由七度仰角調到二度仰角。

而在飛機繼續由六千兩百呎爬到兩萬三千四百呎的過程中，自動駕駛也持續調整尾翼的水平安定面，將飛機由二度仰角調到零點四度俯角。而就在這個關鍵時刻，水平安定面被卡住而不再移動。那時飛機的真空速是每小時三百卅浬，高度是兩萬六千呎。

兩分鐘後，自動駕駛因為無法繼續調整水平安定面而跳開，那時是下午一點五十三分十二秒，飛機的高度是兩萬八千五百五十七呎，時速是二百九十六浬。

自動駕駛跳脫之後，就變成由飛行員來直接控制飛機。那時副駕駛比爾抓住駕駛盤，操縱著飛機繼續爬升，他將升降舵上的調整片調到負1度的位置，使飛機保持著仰角爬高。事後工程師們根據這些數據算出，比爾要使出五十磅的力量（將近廿三公斤的力道），才能拉住駕駛盤使飛機爬升！

當飛機爬到三萬一千呎的航線高度時，比爾將飛機改成平飛。工程師們也算出在那種狀況下，比爾需要用卅磅（超過十四斤）的力量抓住駕駛盤，才能讓飛機保持平飛的狀態！

根據這些由飛航記錄器所得到的資料，調查人員發現飛機其實在起飛十五分鐘之後，就出現了尾翼卡住的狀況。那麼，任何一個人在知道這個資訊後都會問：「為什麼飛行員不在那時調轉機頭，返回波多維拉塔落地？」其實，如果當初飛行員真的調轉機頭的話，這一場空難就絕對可以避免。

那麼，為什麼飛行員沒有在那時返場落

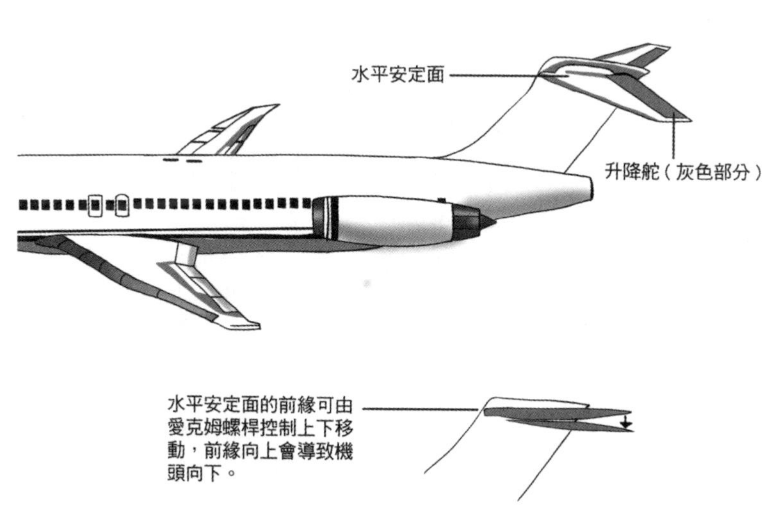
水平安定面
升降舵（灰色部分）
水平安定面的前緣可由
愛克姆螺桿控制上下移
動，前緣向上會導致機
頭向下。

地？

事後調查人員發現，飛行員沒有即時返場落地，問題出在他們接受的訓練。調查人員仔細審閱了許多相關資料及證據後發現，飛機製造商（亦即麥道飛機公司）與阿拉斯加航空公司所發給每位飛行員的快速參考手冊（QRH, Quick Reference Handbook）裡，針對無法調整水平安定面的狀況，並沒有要求飛行員「盡快到最近的機場落地」。

其次，這架飛機當時的總重量是十三萬六千五百一十三磅，超出了波多維拉塔機場跑道最大落地重量十三萬磅。如果飛行員決定要回去落地，那麼勢必要在飛機場附近繞圈飛行幾近一個鐘頭，才能消耗掉多出來的六千五百多磅油料（該型機並沒有在空中洩油的裝備）。根據這些資訊，調查人員覺得飛行員沒有返回波多維拉塔落地，是可以理解的。

場景再回到駕駛艙內：阿拉斯加二六一航班的飛行員用手端著駕駛盤飛行了幾乎兩個鐘頭之後，在下午三點四十六分啟動了自動駕駛，但僅僅幾分鐘後，自動駕駛在三點四十九分又自動跳脫。可是飛行員很執著的在一分鐘之後再度試著開啟自動駕駛，這次似乎順利的多，自動駕駛接下了操控飛機的重任。

也就是在那時，飛行員發現無論他們用什麼方法，都無法使機尾的水平安定面移動。於是湯普森機長與公司在西雅圖的維修部門聯絡，希望他們查一下資料，看這架飛機在以前是否也發生過這樣的故障，同時也希望維修部門能對這個問題提供建議。

維修部門在電腦上很快查了一下，發現那架飛機以前從來沒有類似的情形發生。維修部門主管雖然有提供他們一些點子，希望能幫助天上的飛行員解決問題，但是維修部門所提供的那些方法，兩位飛行員在之前都已試過，並無法解決眼前的問題。

既然西雅圖的維修部門無法將問題解決，於是湯普森機長決定就近在洛杉磯機場落地。他聯繫了公司的調度部門，表示他們將轉降洛杉磯，同時希望公司在洛杉磯的維修人員可以將尾翼水平安定面的掣動系統仔細檢查一下。

沒想到調度部門的那位先生卻有不同的看法。他在無線電裡向二六一航班的飛行員說：「瞭解你想轉降洛杉磯，但你有任何特別的理由不想繼續飛到舊金山嗎？」

面對這樣的問題，湯普森機長只有耐下心來向調度員解釋，飛機尾翼的這種情況已經影響到飛行安全了，繼續飛往舊金山是很冒險的事。

但是調度員卻仍然由他的角度去看這件事：「……如果你是為了飛行安全的理由要轉降洛杉磯，我沒有話說，但是我要你知道，一旦你在洛杉磯落地，那麼最少要在那裡耽擱一個到一個半鐘頭，尤其是目前舊金山機場還在進行流量管制……」

「嗯……該怎麼說呢……我實在不願意聽到你拿流量管制這個理由……我考慮的是要找一個合適的機場。」湯普森機長說著。

「好吧，我們當然要配合你做最安全的措施，如果你覺得到那裡落地是為了安全的考量，我們會提供你所有在那裡落地的資訊。」調度員口氣中流露出勉強。但湯普森機長已不在乎他的態度了，他有更重要的事必須處理。

接著湯普森機長與洛杉磯的調度人員聯絡，表示飛機機件有問題必須轉降到那裡。洛杉磯的調度人員告訴他，因為他們的起飛地點是墨西哥，算為國際航班，若臨時決定要降落洛杉磯，則必須先取得移民局的許可。取得許可不是問題，只是會花一些時間。機長聽了表示沒問題，因為此時班機距離洛杉磯還有九十四英哩，同時他也要將飛機準備一下，所以他不覺得花時間向移民局取得落地許可會影響到他在洛杉磯落地的時機。

同時，阿拉斯加航空公司在洛杉磯的維修部門也用無線電與二六一次班機聯絡，他們已瞭解飛機水平安定面卡住，他們問機長是否有試過用駕駛盤上的微調開關及油門控制台上的水平安定面調整開關。①

飛機漸漸無法控制

湯普森機長告訴他們，該做的、該試的，他都全做了，但是水平安定面就是不動。他反問那位與他通話的技工，那個系統是不是有一個秘密斷電器開關藏在某處？那位技工回答說「沒有」，不過他又說他會去查一下。

在四點零九分的時候，機長告訴副駕駛比爾，他決定同時用駕駛盤上的微調開關及油門控制台上的水平安定面調整開關，來試試看是否可以將水平安定面移動。

他們先將自動駕駛解掉，然後兩人合作同時板動那兩個開關，沒想到這次真的將那卡住已久的水平安定面移動了，它從原來卡住的零點四度俯角變成二點五度俯角，這個變化頓時讓飛機機頭下垂，開始以大角度俯衝！

①微調開關是調整升降舵後緣的調整片，水平安定面調整開關是用來調整水平安定面的角度。

飛機由三萬一千零五十呎的高度直衝而下，在飛機本身重量所引起的重力加速度，及發動機的強大推力下，使飛機的速度一度高達每小時三百五十三浬，已超過了飛機每小時三百四十三浬的最大極限速度。兩位飛行員完全沒有料到他們的動作竟導致飛機進入如此瘋狂的垂直俯衝姿態，他們在慌忙中將減速板放出，並拼命的將駕駛盤向後拉，才將飛機慢慢的由俯衝中改出。後來工程師們算出，當時兩位飛行員使出了一百五十磅（超過六十八公斤）的力量來板動駕駛盤，才使尾部的升降舵產生足夠的反作用力，將飛機的機頭由俯衝中拉起。

驚魂未定的兩位飛行員在飛機改平後，發現他們的高度已經降到兩萬三千五百呎，他們互相討論了一下，覺得不管他們做了什麼，那個結果都是他們所無法承受的，因此決定不再去嘗試同樣的步驟。

機長泰德繼而與航管聯絡，表示他們很難控制飛機的仰俯，因此要求航管給他們兩萬呎到兩萬五千呎之間的空層作為他們飛行的空間。航管此時瞭解了他們的困境，立刻批准他們的請求。

飛機雖然恢復了平飛，但是那短暫的垂直俯衝卻讓飛機上所有的人都驚嚇到了，湯普森機長於是抓起麥克風向後艙的旅客廣播：「各位旅客，我們遇上了一些控制系統方面的問題，我們正設法解決，洛杉磯機場就在飛機的右邊，我們預備轉降到那裡，目前我們正忙著解決這個問題。但我認為問題不大，我想再過二十到三十分鐘我們就可以在洛杉磯落地。」

下午四點十四分，洛杉磯航管中心與第二六一次班機聯絡，問他們想即刻降低高度，或是再等一下。湯普森機長回答：「我想降低到一萬呎，將飛機的外型調好，然後試一下在那種外型下我是否還能安全的控制飛機，如果可能的話，我想在海上做這些事。」②

於是航管人員在下午四點十六分的時候，指示二六一次班機轉向二八〇度，並降低高度到一萬七千呎。此時湯普森機長向航管員表示，以飛機目前的狀況，他需要一段上下五千呎的空間才比較安全，航管人員聽了之後，給了他洛杉磯航管中心的另一個頻道的代號，並建議他向那個頻道聯繫時，向那裡要求一個上下幾千呎空間的高度。

洛杉磯航管中心給了二六一次班機一萬五千呎到兩萬呎的空間，同時並通知了幾架在附近的飛機，要求他們保持對那架二六一次班機的目視。

②將外型調好，指的是將翼前緣襟翼、襟翼及水平安定面調到降落的位置。

副駕駛比爾也在那時問航管人員洛杉磯機場的高度表設定值，航管人員將三〇點一八的設定值告訴他之後，比爾回答說：「多謝，阿拉斯加二六一。」怎料，這就是那架飛機與地面的最後通話。

湯普森機長也在此時通知空服員，希望她檢查一下所有的旅客都已繫妥安全帶，這是正常降落的一個步驟。

一切就緒之後，駕駛艙內的兩位飛行員稍微鬆開些帶桿的力量，讓飛機開始降低高度。在這同時兩人也試著將襟翼及翼前緣襟翼放出，飛機的反應很正常，這讓他們放心不少。

眼見飛機除了無法調整水平安定面之外，其他方面似乎沒有任何問題，機長這時又想試試可不可能用其他的方法將水平安定面恢復正常。當他將這個想法告訴比爾時，比爾遲疑了一下，然後說：「我覺得，在我們還能控制飛機的時候，趕快落地吧。」

「啊，你是這麼想嗎？好吧，我們就去洛杉磯落地吧。」機長也沒堅持己見。

就在這個關鍵時刻，一聲金屬相碰的聲音傳來。

「你感覺到了嗎？」比爾問機長。他一定是感覺到了什麼。

「嗯。」機長簡單的回答著，大概他急著想知道是哪個部位出了問題。

五秒鐘之後，在四點十九分三十六秒時，又傳來一聲巨大的聲響。飛航記錄器顯示著飛機在這時候開始了最後的俯衝！

飛機的俯衝角度之大，肯定讓兩位飛行員吃了一驚。比爾大叫了一聲：「Mayday!」但這時他沒有按下通話按鈕，所以只有座艙通話記錄器錄下了他的這聲悲嚎，航管人員並不知道那架飛機已經遇上大麻煩了。

「推頭！推頭！推過去再翻過來！」通話記錄器中傳來機長的吼聲，飛航記錄器上顯試著飛機俯衝的角度已經超過七十度，左翼也下垂了七十六度。

「哎呀，我們倒過來了，我們必須……」湯普森機長繼續說著，因為那時左翼繼續下垂，已經超過九十度，變成機腹朝上了。

「推頭！推頭！繼續推，把藍的推到上面去！」湯普森機長用吼的說著，那時因為飛機機腹已經朝天，繼續推下去反而會使機頭抬高。他所謂的「把藍的推到上面去」指的是讓人工地坪儀上的藍天部分再度恢復在地平儀的上方。

當地時間下午四點二十分十六秒，機長喊著叫比爾蹬上左舵，但是不知為了什麼原因，比爾回應說他蹬不到左舵，於是機長又吼著說：「好吧，那右舵……蹬右舵！」湯普森機長那時大概是想著：不管向左轉或是向右轉，當時最重要的是改變機頭的方向。

四點二十分卅八秒時，湯普森似乎平靜了點：「還是要翻過去……不過最少我們現在還在飛，雖然是倒飛。」

然而就在那時，發動機因為壓縮器失速，造成推力消失。機長呼叫比爾將減速板放出，比爾簡單的回答了一聲：「放了。」

眼看情況越來越糟，飛機的高度已經低於一千呎，而他們仍在倒飛的情況下，湯普森機長看著大勢已去，嘆著說：「啊，就這樣了！」

一秒鐘之後，飛機撞入海中！

適時出現的情報

航管人員在接到目視者的報告之後，立刻通知海岸防衛隊及其他有關單位，開始搜索及營救的工作，但是所有的人都瞭解，在那種情況下是不可能有人生還的。

飛機失事的消息很快的就在電視新聞中播出。一位曾在阿拉斯加航空公司任職的飛機技工約翰．李歐廷

阿拉斯加航空261班機的最後時刻

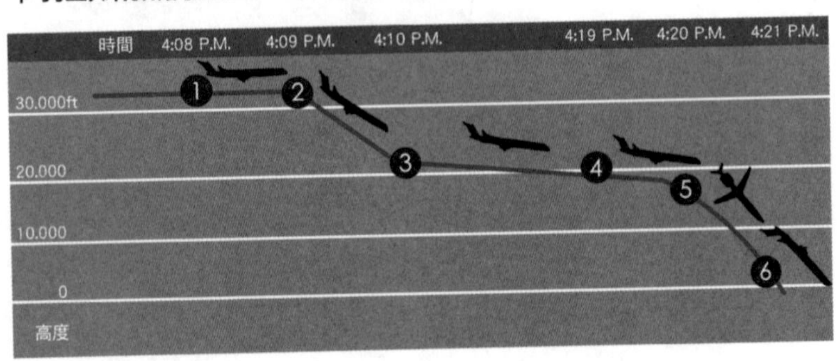

（John Liotine）看了之後，知道他所擔心的事終於發生了！他在阿拉斯加航空公司位於加州奧克蘭機場（Oakland International Airport）的維修部門擔任領班的時候，發現公司曾經有維修記錄造假、不按照標準程序維修的情形。於是在一九九八年秋天，他在基於「保護搭機大眾」的心理下，向美國聯邦航空總署揭發阿拉斯加航空公司在維修方面的不法行徑。

二六一次班機失事的時候，李歐廷正因為爆料公司偷工減料的事而被公司留薪停職，但是他家中卻留有一本當年的工作記錄。他翻了一下那本工作記錄，發現他在一九九七年時曾維修過那架飛機，當時他曾查出那架飛機水平安定面的「愛克姆螺帽組件」（acme screw，亦即水平安定面的制動螺桿）有過度磨損的跡象，因此他在他的記事簿裡曾記下：「建議更換該機水平安定面的愛克姆螺帽組件。」李歐廷並不知道執行第二六一次班機任務的那架飛機，到底是因為什麼原因失事，但他覺得在他記事簿裡的這個資訊該讓調查人員知道。於是他通知了國家交通安全委員會的失事調查人員。

李歐廷曾建議公司更換水平安定面的愛克姆螺帽組件的這個事實，來得正是時候，加上飛行員在墜機之前與西雅圖及洛杉磯的維修部門聯絡時，都提到水平安定面卡住了，所以調查人員在還沒有見到由海中撈起的殘骸前，就已經決定把主要的注意力，集中在水平安定面及它的操控系統之上。

輿論的插曲

飛機墜毀的地點海深只有七百餘呎，藉著海底遙控潛艇之協助，百分之八十五的殘骸及絕大多數的旅客遺體都被找到。而所謂黑盒子的「飛航記錄器」及「座艙通話記錄器」，也在飛機失事之後的一、兩天內就被尋獲。

在搜尋飛機殘骸及旅客遺體的過程中，有一個小故事特別引人注意。該機墜海的時候，一艘在附近捕魚的小船，曾在第一時間衝到現場加入搶救行列，駕船的漁夫是二十一歲的凱文·瑪奇思（Kevin Marquiss）。他在當天晚上就將他所撈獲的飛機破片及一些殘缺不全的人體交給了有關單位，但是第二天他在清理甲板時，卻發現了一枚美生共濟會的戒指卡在甲板的縫隙裡。他不確定那枚戒指是否與空難有關，所以他沒有將戒指上繳，反而是將它交給了美生共濟會在當地的會所。當地會所主事者則根據戒指上的編號，查出了那枚戒指的確屬於二六一班機上的旅客鮑伯·威廉斯（Bob Williams）。鮑伯是退役的美國空軍上校，曾在B58轟炸機上擔任過領航員，這次他是與他的妻子及另一對夫婦朋友一道前往波多維拉塔度假，而在返回西雅圖時搭上了致命的二六一次班機。

在知道那個戒指的主人是誰之後，美生共濟會的會所安排了一個聚會，讓漁夫凱文親自將那枚戒指交還給鮑伯的女兒瑪麗。瑪麗在拿到那枚戒指時曾激動的表示，那枚戒指在飛機墜海之後，竟還能被找回，絕對是她父親在冥冥中的安排。

當時許多報章及電視都對這件事做了詳細的報導，大家都被這種神奇的際遇所感動。怎料，國家交通安全委員會的調查員看了這則新聞後，卻有不同的想法，他們認為那枚戒指該算是飛機失事的證物之一，凱文該將它交給調查人員，而不能隨意交給「他人」，即使那人是戒指主人的女兒。

於是調查人員通知瑪麗，表示要將那枚戒指取回。瑪麗聽了調查人員的要求，先是覺得那人在開玩笑，但是當調查人員表示如果不交出戒指的話，他將以妨礙調查的理由把瑪麗拘捕，瑪麗才知道那位調查人員是在說真的。甫遭喪父之痛的瑪麗也不是省油的燈，她將這件事通知了媒體。對那些整天圍在失事現場附近海邊、想找故事來報導的記者們，這絕對是惹人注意的新聞，於是這件事再度登上媒體的版面。社會大眾在知道這件事後，都無法理解一枚戒指能對飛機失事的調查產生什麼樣的幫助，大家都覺得這是官僚系統最蠻橫的表現，一時所有的輿論都一面倒支持瑪麗，譴責調查人員的無理。

在社會與論的壓力下，國家交通安全委員會的調查員終於退讓，表示瑪麗可以保存那枚戒指，但是他們同時也給自己找了個臺階下：他們給凱文開了一個警告單，因為他犯了法，不該將失事現場找到的證物，交給「不相關」的人士。

可怕的真相

幾天內，飛機的水平安定面就由海底撈起，控制水平安定面的操縱系統（愛克姆螺桿組件）也同時被尋獲。所有的調查人員在看到那操縱系統上的愛克姆螺桿時，都不敢相信他們所看到的景象：整根螺桿上不但沒有任何潤滑脂的油漬，反而纏了許多如義大利麵條似的金屬細條。

調查人員先將那些金屬細條取下，送往實驗室化驗，想知道那些細條是由哪裡來的。然後大家就看著那根螺桿，想著一個最基本的問題：這個每次飛

由海底撈起的愛克姆螺桿，可見到刮擦出來的金屬細絲。（圖／NTSB）

行都會用到的零件，怎麼會沒有任何油漬？

調查人員先是請阿拉斯加航空公司提供那架飛機的維修記錄，想由該公司的紀錄來瞭解那根愛克姆螺桿是什麼時候上油潤滑的。

在等待阿拉斯加航空公司提出維修記錄的同時，有人提出疑問：會不會是因為在海水中浸泡了幾天之後，使螺桿上面的潤滑脂化掉了或是沖掉了？但是經過與潤滑脂的廠商聯絡過，就知道海水對潤滑脂的影響很小，在海水中浸泡並不會讓潤滑脂化掉，更不會被沖掉，而且在撈起來的襟翼推桿零件上也還看到有很厚的一層油漬，證明了那根關鍵的愛克姆螺桿在飛機墜海的時候，上面就是沒有潤滑脂的！

取得阿拉斯加航空公司的維修記錄之後，整個失事的原因幾乎就顯現了——那份維修記錄中清楚記載，那架飛機前一次水平安定面的螺桿及螺帽上油潤滑的時間是一九九九年的九月，而從上油到失事的四個月之間，飛機已飛行了一千三百多小時。

根據這型飛機的製造廠商麥道飛機公司在飛機出廠時對航空公司的建議，每飛行六百小時就必須潤滑一次。這樣看來，這架飛機很明顯的已經超過了潤滑期限長達七百小時了。

省錢害人命

為什麼會超出期限那麼久，都沒有再度上油潤滑呢？維修部門表示，公司內部的維修作業手冊上已經將麥道公司建議的六百小時期限延長了。調查人員再進一步檢查阿拉斯加航空公司內部的維修作業手冊發現，早在一九八八年，公司就將那根愛克姆螺桿的潤滑期限延長到每一千小時潤滑一次，一九九一年再度延長到每隔一千兩百小時潤滑一次，到一九九四年又延到一千六百小時。最後在一九九六年，乾脆將潤滑期限延長到每八個月潤滑一次，不管飛行時數多少。根據當時阿拉斯加航空公司飛機頻繁的使用率算來，八個月的平均飛行時數應在兩千五百小時左右！

阿拉斯加航空公司竟為了節省開支，將螺桿的潤滑期限延長了四倍！難怪由海底撈起的螺桿上已經沒有任何殘留的潤滑油漬。

至於愛克姆螺帽組件，很快的也由海底撈起，調查人員發現螺帽內部不但沒有任何潤滑油漬，竟連螺紋都沒有了！而也就在那時，那些由螺桿上取下來送往實驗室的金屬細條，也被證實是螺帽組件內的螺紋！

原來在螺桿上的潤滑油脂用罄之後，螺桿與螺帽之間就成了金屬與金屬的直接摩擦，這種直接的摩擦造成過度磨損，最後終於導致螺桿將螺帽內部的螺紋磨下，變成金屬義大利麵的形狀！

調查人員記得李歐廷曾在一九九七年秋天時，因那架飛機的愛克姆螺帽組件過度磨損而建議更換那組螺帽組件，因此調查人員特別仔細檢查了那架飛機的維修記事簿，想知道那個螺帽組件是什麼時候更換的。結果出乎他們意料之外的是，在李歐廷的建議一欄下面，有另一位領班寫下了：「重新檢查愛克姆螺帽組件，發現一切符合標準。」因此那個螺帽組件並沒有被更換！

由飛行員的對話及這些零組件的狀況看來，這就是促成這架飛機失事的主因。但是，為什麼那個螺桿及螺帽會有那麼大的影響呢？

水平安定面的操縱系統是由一根兩呎長的愛克姆螺桿、愛克姆螺帽組件、安全螺帽及主控馬達等幾樣零組件所構成。愛克姆螺桿的上端固定在水平安定面上，愛克姆螺帽組件則是安裝在愛克姆螺桿的另一端並固定在飛機尾部，當主控馬達轉動時帶動齒輪，齒輪再掣動愛克姆螺桿的轉動，這會使整根螺桿在螺帽組件中上下移動。這上下的移動就帶動了水平安定面的上下移動。

最後，為了安全起見，工程師在設計時又在愛克姆螺桿的最下方多裝了一個安全螺帽，當螺桿向上轉動，安全螺帽碰到愛克姆螺帽組件，就會使螺桿停止向上。

在飛行時，水平安定面必須根據飛機的速度、狀態及重量而不斷改變角度，所以愛克姆螺桿及螺帽組件都必須有足夠的潤滑油脂，才能確保那些金屬接觸的地方不會有過度的磨損。這也是麥道公司當初建議對那些零組件每隔六百小時就要加油潤滑的主要原因。

既然那些零組件的潤滑是如此的重要，那麼為什麼阿拉斯加航空公司要一而再、再而三的將潤滑時限延長呢？這就要提到美國航空太空總署（NASA, National

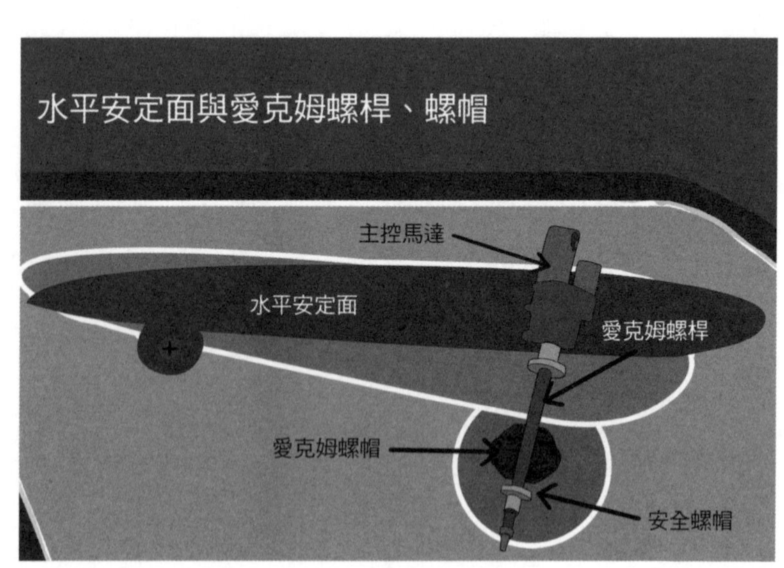

Aeronatics and Space Administartion）在一九九〇年代所推動的「更快、更好、更便宜」（Cheapter, Better and Faster）的倡議，③這個倡議原本的意思是將一些冗長又對成品無大用處的行政流程取消，以減少開支，並將精力用在成品上，而達到「物美價廉又快速」的目的。

在航空太空總署的鼓吹之下，許多航太機構都搶著想搭上這班列車，因為如果能將支出減少，那就會讓公司的盈利增加。但是在減少開支的過程中，有些公司竟將「品管」做大規模的刪減，同時將許多定期維修的時限延長，這樣在短期間內也真的讓公司盈利增加，只是它所帶來的負面效果卻是要在幾年之後才會逐漸顯示出來。

阿拉斯加航空公司就是在這種心態下，將水平安定面的定期潤滑不斷的延期，終於在發生意外的一月卅一日那天，不但螺桿上的潤滑油脂已經完全用罄消失，就連螺帽裡的螺紋也在不斷的金屬摩擦下而脫落。當飛機由波多維拉塔起飛，爬到兩萬三千四百呎的時候，那些脫落的金屬螺紋就在螺帽裡面將螺桿卡住，水平安定面也就卡在機頭向下、零點四度的位

③這個倡議經過多年的實施，因為弊多於利，而於公元兩千年左右取消。

置。

從起飛開始就無解

其實，如果兩位飛行員在發生狀況之初就掉頭返回波多維拉塔落地，或是不要試著去重新啟動那已經卡住的水平安定面，就全程都用手抓著駕駛盤來飛，那麼一路飛到舊金山落地也不會有問題，只是飛行員會辛苦一些罷了。

只是那兩位飛行員無從瞭解水平安定面卡住的原因，而一直以為只是電路上的問題，這也是他們會問維修部門是否有個「秘密斷電器開關」藏在哪裡的原因。

當那兩位飛行員同時用駕駛盤上的微調開關及水平安定面調整開關，試著來動水平安定面時，螺桿在馬達的動力下，將卡住螺桿的螺紋細條轉開，並開始轉動，但那時愛克姆螺帽內已經沒有螺紋可以抓住螺桿，而水平安定面在飛機每小時三百浬的速度下，會產生一定的升力。那個升力在螺桿鬆綁之後，立刻將水平安定面向上推去，這是促使飛機第一次以大角度俯衝的原因，當時飛行員還能用臂力將飛機拉起來，那是因為螺桿最下面的安全螺帽碰到了愛克姆螺帽組件的底端，使水平安定面停在機頭向下、二點五度的地方。

但是，螺桿的安全螺帽在設計上並不能承受水平安定面所產生的升力，所以在十分鐘之後，那個安全螺帽終於不敵強烈的空氣動力而脫落。這時螺桿就喪失了最後一道防線，而在強大的升力之下，水平安定面的前端完全失控的向上揚起，導致機頭進入另一個大角度的俯衝，那時已經沒有任何方法可以將飛機重新拉起了。

這次飛機俯衝的角度之大，使飛機進入倒飛的狀態，飛行員曾表示想將飛機在倒飛時將飛機翻轉過來，恢復平飛，但是他們不瞭解，即使他們成功的將飛機倒轉過來，恢復平飛，水平安定面的姿態會再使飛機進入另一輪的俯衝！

他們其實是在無解的狀況之下撞到海面！

對航空界產生重大影響

國家交通安全委員會做完這架飛機的失事調查之後，指出失事的最主要原因就是公司將愛克姆螺桿的潤滑週期延長到八個月，導致失事的飛機之螺桿上已沒有任何潤滑油脂！國家交通安全委員會同時也做出幾點建議，其中最重要的就是將水平安定面的愛克姆螺桿及螺帽的潤滑時限定為每六百五十小時，同時在每次塗抹新的潤滑油脂之前，必須將原先的舊油脂徹底清除。

另外，波音飛機公司（麥道公司在一九九七年被波音公司併購）也將飛行員的快速參考手冊修改，裡面強調當做完手冊裡的故障排出步驟之後，仍無法解除故障情況時，飛行員應該立刻前往最近的機場落地，絕對不要繼續嘗試排除故障。

其實，當飛機發生故障時，試著找出毛病，並加以排除，是每個飛行員的天性，**但是那天當湯普森機長與比爾兩人試著找出水平安定面卡住的原因時，他們絕沒想到他們的公司為了省錢，竟將控制水平安定面的愛克姆螺柱及螺帽的潤滑期限延長了四倍**。

他們永遠不會知道公司的資產負債表上的數字，就是讓他們葬身大海的主因！

第5章

應注意、能注意、卻未注意

太平洋西南航空第182航班基本資料

日期時間	1978.09.25 上午
機型	波音727-200、賽斯納172型
航班代號	AS 261
地點	聖地牙哥上空
機上人數 （乘客+飛行組員+賽斯納乘員）	128 + 7 + 2
死亡人數 （乘客+飛行組員+地面+賽斯納乘員）	128 + 7 + 7 + 2

太平洋西南航空第182班機的最後時刻

08:59:30	【航管】PSA182，12點方向，距離一英里，有朝西行的飛機。
08:59:35	【機長】我們在看。
08:59:40	【近場台】PSA182，另一架飛機，嗯……12點鐘，3英里，機場北端，1,400呎，朝西北，是賽斯納172型，正在目視飛行爬升。
08:59:50	【副駕駛】OK，我們看到12點鐘的另一架了。
08:59:57	【近場台】賽斯納7711G，聖地牙哥離場台，雷達接觸，維持目視飛行在3,500呎，航向070。
09:00:16	【進場台】PSA182，12點方向，一英里有飛機，正在1,700呎。
09:00:21	【副駕駛】看到了。
09:00:21	【機長】看到那架飛機了。
09:00:23	【近場台】OK，請保持目視距離，用133.3頻道聯繫林白機場塔台。祝你愉快。
09:00:28	【機長】OK。
09:00:34	【機長】林白機場，PSA182，我在三邊。
09:00:38	【塔台】PSA182，林白塔台，呃你12點鐘1英里有賽斯納。
09:00:41	【副駕駛】襟翼5。
09:00:43	【機長在駕駛艙內】那個就是我們一直在找的飛機嗎？
09:00:43	【副駕駛】對啊，我現在又看不到了。
09:00:44	【機長對塔台】OK，我們剛剛有看到了。
09:00:47	【塔台】182，瞭解了。
09:00:50	【機長對塔台】我想他剛剛通過到我們右邊了。
09:00:51	【塔台】Yeah.
09:00:52	【機長】他剛剛還在這裡。

09:00:53　【塔台】182，你在三邊還要飛多遠？地面有你們公司的飛機等著要起飛。
09:00:57　【機長對塔台】呃……大概還要三到四英哩。
09:00:59　【塔台】OK。
09:01:07　【塔台】PSA182，允許降落。
09:01:08　【機長對塔台】182獲允許降落。
09:01:11　【副駕駛問，以下為駕駛艙內的討論】我們通過那架賽斯納了沒？
09:01:13　【工程師】應該是吧。
09:01:14　【機長】我猜應該通過了。
09:01:21　【駕駛艙內搭便機的飛行員】希望是這樣。
09:01:07　【機長】喔對，我們轉入三邊之前我看到他在一點鐘，現在可能已經在我們後面了。
09:01:38　【副駕駛】底下那有一架。
09:01:39　【副駕駛】我在看那架飛過來。
09:01:45　【機長】喔！
09:01:46　【副駕駛】啊！
09:01:47　（撞擊聲）
09:01:49　【機長】慢慢來，慢慢來。
09:01:51　（電器系統重新啟動的聲音，座艙通話紀錄器中斷約一秒鐘）
09:01:51　【機長】現在怎樣？
09:01:52　【副駕駛】很糟。
09:01:53　【副駕駛】我們被撞了！啊我們被撞了！
09:01:56　【機長對塔台】塔台，我們要墜毀了，這是PSA。
09:01:57　【塔台】瞭解，替你叫消防和救護。
09:01:58　（失速警告聲）
09:02:04　【駕駛艙內】是時候了……抓緊……媽我愛你！

09：02：04　錄音停止。

賽斯納172型註冊號N7711G的最後時刻

08：59：51　【賽斯納】7711G，1,500呎，朝西北。
08：59：56　【航管】賽斯納7711G，聖地牙哥離場台，雷達接觸，在3,500呎以下維持目視飛行，航向070，五邊……
09：00：08　【賽斯納】7711G，070航向，目視在3,500以下……（語音模糊難辨）
09：00：31　【航管】賽斯納11G，你6點鐘2英里有朝東的PSA噴射機要飛進林白國際機場，正從3,200呎下降，他看到你了。
09：00：43　【賽斯納】11G瞭解。
09：01：47　【航管】賽斯納11G，有飛機……呃你附近有PSA噴射機已看到你，他正往林白機場下降。
09：01：47　錄音中斷。

內容取自座艙通話紀錄器的錄音抄本，內容並非完整，有時僅為描述現場氛圍。用詞非專業航空術語。時間皆為當地時間。

意外的照片

漢斯・溫德（Hans Wendt）揹著他的照相機在記者會的會場走著，他是加州聖地牙哥縣政府公關室的特約攝影記者。那天他的勤務相當簡單：到聖地牙哥北邊的一個廣場去拍攝縣政府發表對加油站「油氣回收」所設下新法規的記者會。他照了一些與會人士的照片及新式加油噴嘴的照片之後，就想回暗房去沖洗照片了。

就在這時，他聽到天空傳來一架噴射客機的聲音，他並沒有特別注意那個聲音，因為他所在的地點是聖地牙哥林白國際機場的航路下方，所以聽到飛機的聲音是很正常的事。然而他先聽到飛機的聲音，之後又聽到了一陣金屬物件相撞的聲音。溫德好奇的抬頭往上看，一幕讓他此生永遠無法忘懷的影像就在他前方的天空展開：一架波音七二七的客機與一架賽斯納的小型私人飛機在晴空中相撞了！①

①溫德已於二〇一三年去世。只要在網路上打出「PSA182」等字，就可以看見他拍攝的那張著名照片：太平洋西南航空一八二班機機頭朝下、機翼著火墜落的駭人景象。

兩架飛機相撞之後，波音七二七的右翼前緣被撞出一個大缺口，機翼內的燃油外洩時被引燃，半個右翼都陷在火焰之中。溫德急忙拿起照相機，對著墜毀中的噴射客機拍照。他看著飛機損壞的程度，就知道那架飛機已經完全失控，而且避免不了即將墜毀在市區當中！

幾秒鐘之後，飛機撞在聖地牙哥東北方的一個社區，一縷黑煙直衝雲霄！

大晴天的嚴重空難

那天是一九七八年九月廿五日星期一，是一個星期中的第一個工作天，但對那架飛機上的人來說，卻是他們在世上最後的一天！

那次空難一共有一百四十四人喪生，其中除了客機上的組員及乘客之外，還包括了地面的七位民眾及賽斯納小飛機上的兩位成員，是當時美國國內有史以來傷亡最大的一場空難。

國家交通安全委員會在開始調查此一空難事件時，最讓他們感到迷惑的一點就是：事發當時天空一片蔚藍，沒有一片雲彩，能見度在十哩以上，而且兩架飛機都是在航管人員的管制下飛行，互相都知道另一架飛機就在附近。在這種情況下，怎麼會發生如此離譜的空難？

當那架波音七二七的黑盒子及通話記錄器被尋獲之後，這件空難的原因才開始逐漸呈現在調查員前面……

組員經驗豐富

當天早上六點十五分，太平洋西南航空公司（PSA, Pacific Southwest Airlines）第一八二次班機離開加州首府沙加緬度，中途停靠洛杉磯再前往聖地牙哥。班機正駕駛是四十二歲的詹姆士・麥菲隆（James McFeron），在太平洋西南航空公司已有十七年的資歷，有著一萬四千三百多小時的飛行時間，其中有一萬小時是波音七二七的飛行時間。

坐在機長麥菲隆右邊的副駕駛是三十八歲的羅勃・福克斯（Robert Fox, Jr.），他也有超過一萬小時的飛行經驗，其中波音七二七的時間有五千八百多小時。駕駛艙內的第三位組員是四十四歲的飛航工程師馬丁・華恩（Martin Wahne），他也有一萬多小時的飛行經驗，其中六千多小時是在波音七二七上渡過的。由他們三人的資歷看來，他們之間累計的波音七二七飛行時數總和，超過了兩萬小時，是一組經驗相當豐富的組員。

由沙加緬度到洛杉磯的航程非常平穩，沒有任何意外。在洛杉磯停留半個鐘頭後再度起飛前往一百哩外的聖地牙哥。這是一段相當短的航程，很少人會從洛杉磯搭機前往聖地牙哥，因為進出兩邊機場加上飛機起落的時間，會比開車還要久。所以那天飛機上多半是由沙加緬度就上飛機的乘客，再加上有二十九位公司的員工從洛杉磯登機，搭公司便機到聖地牙哥的總公司去上班。

初秋的南加州海岸風景是宜人的，高聳的棕櫚樹在海岸邊隨著清風搖擺，海浪拍在海邊的白沙上，捲起層層的白色泡沫。一些年輕人也正在溫暖的陽光下，順著海浪在海邊衝浪。附近的潘斗籐海軍陸戰隊基地（Camp Pendleton）正在為新兵進行兩棲登陸演習。海岸旁邊的五號公路上也擠滿了北向的車子。一切都顯示當天將是個非常道地的加州日子。

那架波音七二七在一萬多呎的空中順著海岸向南飛，駕駛艙裡除了前一段航程的三位組員，又坐進了一位搭便機前往聖地牙哥的飛行員，他將在聖地牙哥開始他當天的勤務。

新手駕駛中

就在波音七二七由洛杉磯起飛的時候，一架編號為7711G的賽斯納一七二型小飛機也正由聖地牙哥的蒙哥馬利機場起飛。那架小飛機是一所飛行學校的飛機，當天的教官是馬丁・凱奕（Martin Kazy），他持有商用民航機師、飛行教官及儀器飛行執照，有著五千多小時的飛行經驗。他的學生是海軍陸戰隊的大衛・巴斯衛（David T. Boswell）軍曹，就在附近的海軍陸戰隊基地服役。他雖然當天是以飛行學生的身份上飛機，但他早已擁有商用飛行執照，此刻正在練習儀器飛行的技巧，準備在不久的將來去考儀器飛行執照。

巴斯衛坐在賽斯納左邊的駕駛座上，戴著一個有著特別帽緣的帽子在飛行，那個帽子是為了儀器飛行訓練而設計的，戴上之後，帽緣會將受訓者前上方的視線擋住，讓他只能看見前方儀錶板上的儀錶，而看不見飛機前方的景象。這是訓練學生在天氣不好的狀況下，必須能靠著儀錶上的指示，將飛機落到跑道上的技巧。

蒙哥馬利是個小機場，並沒有儀器進場（ILS）的設備，所以要做儀器進場的練習時，就必須到聖地牙哥林白國際機場。通常這種練習架次都是排在機場早上繁忙的班次之後才開始進行，所以當天那架賽斯納是在早上八點半之後起飛。

巴斯衛順利的在聖地牙哥林白國際機場九號跑道做了一次模擬儀器穿降之後，在塔台的指示下朝著東北方開始爬高，預備飛回蒙哥馬利機場。

三

一八二航班駕駛艙裡的三位飛行組員及另外那位搭便機的飛行員坐在座艙裡並沒有閒著，大家天南地北的聊天，討論的內容包括了公司剛剛將員工的人壽保險換到另一家保險公司，導致某些保險條例內容變更。對這件事大家的結論竟是：「跟人壽保險公司打交道，只有在死的時候才能有勝算的機會！」

就在這時，一八二航班座艙中響起了聖地牙哥近場台發出的提示聲音：「PSA 一八二，有一架飛機在你正前方一哩處。」②

「好的，我會注意找它。」麥菲隆機長回答。

「PSA 一八二，還有另外一架飛機在你正前方三哩，一架賽斯納一七二，在機場北邊一千四百呎，正向東北方以目視爬高。」近場台又將那架賽斯納的方位及動態報給太平洋西南航空第一八二班機。

此時一八二航班駕駛艙中其他幾人正在談論著另一件事，副駕駛及飛航工程師都在不停的笑著，但是麥菲隆機長卻很敬業的根據近場台的訊息向正前方尋找那架小飛機。

「看到了！我看到另外那架在我正前方的賽斯納。」

未發現的致命錯誤

麥菲隆機長報出他已目視賽斯納小飛機的同時，聖地牙哥近場台也正對著賽斯納一七二通話。

「賽斯納7711G，聖地牙哥近場台在雷達上已看到你。請將高度保持在三千五百呎以下，航向〇七〇，以目視飛向五邊進場航線。」③航管員引導著那架賽斯納一七二飛回蒙哥馬利機場。然而就在這時，賽斯納一七二的飛行員卻犯下了一個致命的錯誤：他並沒有依照指示將飛機定向〇七〇，反而是對著〇九〇的方向飛行，但是近場台的管制員卻沒有發現這個錯誤。

「PSA一八二，一架飛機在你正前方三哩，高度一千七百呎。」近場台再度向一八二航班報出那架賽斯納的相關位置。

「看到了。」這次副駕駛福克斯也看到了那架小飛機。

「我們看到那架飛機了。」麥菲隆機長向近場台回報。

「好的，請保持目視距離，並與林白塔台聯絡，一三三點三（林白塔台的波道）。」因為這時一八二航班已經接近林白國際機場，所以近場台就請它與林白塔台聯絡。

---

②近場台：請參閱附錄。
③五邊，請參閱附錄。

「林白塔台，PSA 一八二進入三邊。」④麥菲隆機長向林白塔台報到，副駕駛福克斯也在那時將襟翼放到第二段的位置。

「PSA 一八二，林白塔台，一架賽斯納在你正前方一哩處。」林白塔台在聽到一八二報到後的第一件事，就是請他留意那架在他正前方的賽斯納。

組員進入疑惑

「是不是我們剛才看到的那架？」麥菲隆機長聽到塔台的話之後，轉頭問副駕駛。

「是那架，不過我現在看不到他了。」副駕駛福克斯說著，並將飛機的襟翼放到落地時的第五段位置，他的語氣平常，並沒有因為看不到那架在他正前方的小飛機而緊張，他似乎忘記了幾分鐘前近場台要他保持與賽斯納之間的目視距離。

「啊……我們一分鐘之前才看到他在那裡。」麥菲隆機長在無線電中回復林白塔台，這是句似是而非的話，因為它的意思是指在「一分鐘前」看到那架賽斯納，但並沒有說明現在是否還可以看到那架飛機。

「PSA 一八二，瞭解。」

「我想他由我們的右邊通過了。」麥菲隆機長繼續對著林白塔台說。

這其實是一句相當關鍵性的話，麥菲隆機長說的是：**他「認為」那架賽斯納已經由他的右邊通過，表示他並不確定，而且他已經失去對那架賽斯納小飛機的目視，看不見了。但是因為無線電中的雜音及其他飛機與管制員的對話，竟使管制員將這句話聽成「他正由我們的右邊通過。」管制員就誤以為一八二航班上的組員正目視著那架小飛機由他們飛機的右邊通過，所以，就沒有進一步去澄清認證那兩架飛機是否真的已經互相安全的通過了。**

根據通話記錄器裡的錄音，麥菲隆機長與塔台通話過後，接著又對著駕駛艙裡的幾個人說：「一分鐘之前他還在那裡！」

副駕駛福克斯回答說：「是啊。」

就在那時，林白國際機場塔台又問一八二航班預備在三邊飛多遠，麥菲隆機長很快的回答說：「三、四哩吧。」

副駕駛福克斯大概不太放心那架現在已經看不見的賽斯納，他又問了一句：「我們是不

④三邊，請參閱附錄。

是已經超過那架賽斯納了？」

「應該是吧。」飛航工程師華恩說。

「我猜也是。」麥菲隆機長說。

「但願如此。」坐在駕駛艙內的另一位飛行員笑著說。他雖然是笑著說的，但是這也說明了他知道這件事的嚴重性，只是他選擇相信機組人員，而沒有進一步的去親自查看。

「沒錯的，在我們轉到三邊之前我看到他在我們一點鐘方位，現在大概已經在我們後面了。」麥菲隆機長說。

「放起落架。」副駕駛福克斯說著，將起落架手柄拉下。

被忽略的警告

就在一八二航班放下起落架的同時，聖地牙哥近場台的防撞警鈴開始「嗡……嗡……」作響，因為雷達根據一八二航班及那架賽斯納的航跡判斷，兩架飛機即將相撞。管制員聽到警鈴之後，並沒有太在意，因為他知道一八二航班的組員已經看到那架賽斯納，所以他只是拿起麥克風，以平常的口吻通知那架賽斯納：「賽斯納7711G，聖地牙哥近場台，一架PSA客機在你附近，正向林白機場下降，他已看到你了。」

賽斯納小飛機並沒有回話，他沒有機會回答。事實上，就在管制員通知他時，一八二航班正由後上方撞上賽斯納。

根據一八二航班的通話記錄，放下起落架之後五秒鐘，副駕駛福克斯曾說：「下面有一架……我剛才看著往這裡的那架……」

緊接著就傳出一聲正駕駛的驚呼聲：「噢！」

「啊！」副駕駛也慘叫了一聲。

通話紀錄器也在此時錄到了兩機相撞的聲音。

撞機之後，正駕駛麥菲隆還相當鎮定的說：「不要急，不要急，到底怎麼了？」

「糟了！我們被撞了！我們被撞了！」副駕駛福克斯的聲音像是哭著似的。

「塔台，我們要摔下去了，這是PSA一八二。」在知道狀況之後，麥菲隆機長的聲音卻是出人意料之外的冷靜。

「瞭解，我們替你叫救援車輛。」

完全沒有時間反應

太平洋西南航空的一八二航班是以下降的姿態、由後上方撞到正在爬升中的賽斯納。賽斯納的機翼當場被撞斷，整架飛機四分五裂直往地面墜去。一八二航班右翼前緣則被賽斯納的螺旋槳打爛，機翼內的燃油隨即飛濺出來，碰到賽斯納炙熱的引擎，立刻起火燃燒。而機翼前緣被打爛之後，機翼外型已不成完整的弧形，因此右翼所產生的昇力大幅減少，導致飛機開始向右傾側。

由攝影記者溫德所拍下的照片中，可以看出一八二航班的右邊副翼完全壓下（這是將右翼抬起的步驟），升降舵翼片也完全拉到向上的位置（這是將機頭抬起的步驟），這說明了飛行組員在最後的二十幾秒鐘裡，曾努力設法使飛機恢復正常的姿態。但終因右翼受損太大，難逃墜毀的惡運。

飛機相撞時的高度只有兩千多呎，而且是在下降的姿態，所以僅是幾秒鐘的時間飛機就已逼近地面。

「是時候了！抓緊！」麥菲隆機長在飛機撞地前，還沒忘記警告後艙的旅客，那隨之將到的巨大撞擊。

「媽，我愛妳。」這是太平洋西南航空公司第一八二航班的通話記錄器在飛機撞地前所錄下的最後一句話，但是卻無法辨別是哪一位組員的聲音。

這架波音七二七的飛機，以時速三百多浬（五百公里）的高速撞進林白機場東北邊的一個住宅區，飛機在巨大的撞擊力下立刻支離破碎，飛機裡的人雖然被安全帶緊緊的繫在座椅上，然而在飛機撞地的瞬間，多數的人都被巨大的力量彈出機身。

飛機上一萬多磅的燃油在撞地後引燃，導致二十二棟民房被撞後在烈火中全毀。

太平洋西南航空一八二班機上的一百二十八位乘客、三位飛行組員及四位空服員，全部在空難中喪生。加上賽斯納一七二型小飛機上的教官及學員兩人，及在地面住宅區裡因撞擊及烈火而死亡的七位居民，結果一共有一百四十四人在這場空難中罹難，是當時美國航空史上最慘的一次空難事件。

失事主因：應看見、能看見、卻未看見

經過半年多的調查之後，國家安交通安全委員會發表了對此次空難的調查結果。交通安全委員會認為這次失事的主要原因是：一八二航班組員並未依照航管程序行事，當他們第一次看到那架賽斯納時，就應全程注意該機的行蹤，直到那架飛機不再構成飛安的顧慮。**但是他們在失去對那架飛機的目視之後，並未向航管人員通報，而只是「認為」那架飛機已經在他們的飛機右側通過，不再對他們造成任何威脅。**

為了證明一八二的正副駕駛兩人不但「能」，也「該」看到賽斯納，國家交通安全委員

會邀請兩位身高分別與正、副駕駛相同的人，根據波音七二七的駕駛員座椅標準調整手續，將座椅調到標準位置。然後在駕駛艙正前方的兩塊擋風玻璃上根據兩人的坐姿，標出兩位飛行員的正常目視點，再根據電腦模擬兩架飛機的航跡，在那兩塊擋風玻璃上標出由撞機前一百七十秒開始，每十秒標下一點，共十七個航點。

調查員發現，**由撞機前一百七十秒到九十秒，賽斯納幾乎就在一八二班機擋風玻璃的正中央！之後的八十秒內，賽斯納的航跡由擋風玻璃的正中央挪到下方雨刷稍上的位置，這表示一八二班機的正副駕駛，在撞機前十秒鐘都可以清楚看見那架賽斯納一七二型小飛機！**

既然一八二班機的正副駕駛一路都「可以」看見那架小飛機，唯一可以解釋這兩架飛機相撞的原因就是：不專心。在飛機相撞時，一八二班機駕駛艙內除了正常的三位組員之外，還有另外一位合格的飛行員，但是那多出來的一對眼睛，不但沒有幫助原來的三位組員，反而因為大家閒聊，分散了組員的注意力。

促成失事的其他原因

除了太平洋西南航空一八二班機空勤組員的不專心之外，賽斯納一七二型的兩位飛行員未能完全遵守航管人員所給的指令，也被認為是促成兩機相撞的原因之一。近場台的航管員在引導賽斯納一七二型飛返蒙哥馬利機場時，曾明確的指示它向〇七〇度飛行，然而不知道什麼原因賽斯納卻往〇九〇度方向飛去，這樣它就與一八二班機的航向重疊了。如果當初它真是保持〇七〇的方向，就不會有任何後續的事發生。

這次撞機事件除了兩架飛機的飛行員都有錯之外，近場台的航管員也有相當的責任。因為一八二班機在撞機時的位置，是在蒙哥馬利機場的進場管制範圍之內，在那個區域通過的飛機應該保持在四千呎以上的高度，而一八二班機當時的高度只有兩千餘呎。如果航管員提醒了一八二班機的組員那個區域的最低高度，這次空難也可以因而避免。

PSA182班機與賽斯納172型飛機空中相撞之前的軌跡。
（資料來源：NTSB調查報告）

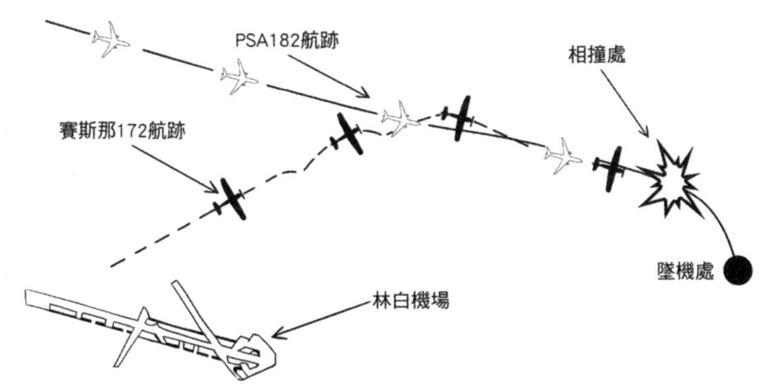

由失事調查報告的結論看來，**當天幾乎所有與那兩架飛機有關的執勤人員，都犯了或大或小的錯誤，而這些錯誤一個一個的累積下來就造成了一百多人喪生的慘劇！**

民航界規則從此改變

這次撞機事件中的賽斯納小飛機是到林白國際機場去練習儀器進場，在返回本場時與大型的噴射客機相撞，所以在撞機事件發生之後，美國聯邦航空總署在第一時間內就在蒙哥馬利機場及附近的幾個小機場裝上儀器進場的設備，這樣日後練習儀器飛行進場的飛機就可以在本場做練習，而不必到繁忙的國際機場。

其次，也是因為這次空中撞機，及其他幾次撞機事件，促成聯邦航空總署規定所有民航機都必須安裝「空中防撞系統」（TCAS, Traffic Collision Avoidance System）。這套系統會在兩架都裝有這種系統的飛機接近到一定範圍時，發出警報並建議如何閃躲。

這個規定實施後，「空中防撞系統」成功預防了多次空中撞機的慘劇。雖然法規上並未強制小型飛機（例如賽斯納）也裝上這套系統，但是目前賽斯納這種小飛機幾乎都裝有回波器（Transponder），大型客機上的防撞系統會「看」到賽斯納上的回波器，繼而發出警報通知飛行員採取閃避動作。所以在今天的環境下，這些新式電子儀器會順利的防止同樣的撞機慘劇再度發生。

目

太平洋西南航空第一八二次班機撞機事件是屬於「人為過失」的飛機失事。這種過失以前曾發生過，現在也有類似的案例，日後也絕對會發生，只要駕駛艙裡有人在操作飛機，這種人為失誤就會繼續發生。我們可以在機艙中裝上更先進的電子儀器，來輔助飛行員避免一些前人所犯的錯誤，但是飛行員卻也要多花時間來熟悉這些儀器，如果在操作這些儀器時發生任何閃失，那將會是另一件「人為過失」的失事案！

第6章

缺乏精鍊的基本知識

法航第447班機基本資料

日期時間	2009.06.01 凌晨
機型	空中巴士A-330-203型客機
航班代號	AF 447
地點	巴西費爾南多·迪諾羅尼亞群島（Fernando de Noronha）附近的大西洋上空
機上人數（乘客+飛行組員）	216 + 12
死亡人數（乘客+飛行組員）	216 + 12

法國航空447班機的最後時刻

機長杜柏斯已離開駕駛艙，此刻由坐在右座的機師伯寧操縱飛機，左邊是機師羅伯特。

02:03:44　【羅伯特】你看，熱帶輻合……我們飛進去了……你看，就飛進裡面了

02:03:44　【伯寧】飛進去了。

02:05:55　【羅伯特】我們告訴後面的，讓他們知道。

02:03:50　【伯寧】除冰系統。有總比沒有好。

02:07:00　【伯寧】我們好像在雲層尾端了，應該沒問題了。

02:08:03　【羅伯特】或許你可以把飛機稍微往左邊帶一點。

02:08:05　【伯寧】把飛機往左邊帶一點……我們現在用手控飛行，是吧？

此時長達2點2秒的警告聲剛響起，代表自動駕駛已解除。因當時空速管結冰，無法從機外的大氣取得資料來顯示空速，所以自動駕駛就跳脫了。

02:10:06　【伯寧】我操縱飛機。

02:10:07　【羅伯特】OK。

此時伯寧出現了異於常理的動作：他將身側的操縱桿往後猛拉，使飛機進入危險的仰角，電腦因此連續發出合成人聲的警告聲「失速！失速！」

02:10:07　【羅伯特】怎樣了？

02:10:15　【伯寧】沒有……沒有空速指示。

02:10:16　【羅伯特】空速指示沒了，是吧？

此時飛機不斷爬升，速度竟然掉至一百浬以下，等於螺旋槳小飛機的速度。

02：10：27　　【羅伯特】注意你的速度。你的速度！
02：10：28　　【伯寧】OK，OK，我降低高度。
02：10：30　　【羅伯特】穩住……下降……這裡顯示我們在爬升，它說我們還在爬升！快降低高度。
02：10：37　　【伯寧】我們開始下降了。
02：10：38　　【羅伯特】慢慢降。

此時飛機爬升角度變淺，空速提升到兩百多浬，失速的警告聲停止。

02：10：41　　【伯寧】我們……對，我們又爬升了。
02：10：49　　【羅伯特】媽的他在哪？
02：10：55　　【羅伯特】媽的！

從這個時間點開始，接下來該航班遭遇的所有問題全部屬於人為疏失，因此時空速管結冰消失，機師們已擁有可讓他們安全飛行的所有資料。

02：11：33　　【伯寧】我在起飛／重飛狀態。

後來的調查中，發現這句話極關鍵：起飛／重飛狀態下，機員會開足馬力，機頭抬高。但此時在空氣稀薄的高空，開足馬力讓機頭抬高無法取得足夠昇力，因此該機變成「以機頭抬高的姿態持續往下掉」。

02：11：06　　【羅伯特】媽的他到底來不來啊！
02：11：21　　【羅伯特】引擎還有推力啊，媽的是怎樣？我完全搞不懂現在是怎樣！？

羅伯特不知道的是，伯寧從頭到尾死命抓著操縱桿向後使機頭抬昇，也使飛機以機頭抬高的姿態一直快速往海平面掉。若伯寧放開操縱桿，機頭就會朝下，飛機會有足夠的向前速度。

02：11：32　　【伯寧】媽的我控制不了飛機，完全控制不了！

02：11：37　　【羅伯特】由左座操縱！

失速的警告聲持續大響，此時機長進入駕駛艙，距離危機發生已經過了一分半鐘。

02：11：43　　【杜柏斯】你們在搞什麼！
02：11：45　　【伯寧】我們失去控制了。
02：11：47　　【羅伯特】完全失去控制，完全搞不懂……什麼都試過了。

此時機長並未把飛機接過來自己飛，而是坐在兩位副駕駛後方。若機長接手飛行，他馬上就會瞭解，飛機已經在失速狀態下，不應該將操縱桿死命往後拉。

02：12：14　　【羅伯特】你怎麼看？你覺得呢？我們該怎麼辦？
02：13：40　　【羅伯特】要爬高，高度，高度。
02：13：40　　【伯寧】可是我一直讓操縱桿往後拉啊！
02：13：42　　【杜柏斯】不要，不要，不要……不要爬升……不要……
02：13：43　　【羅伯特】下降。！讓我控制！讓我來控制！
02：14：23　　【羅伯特】媽的，我們要墜毀了……怎可能會這樣！
02：14：25　　【伯寧】到底發生什麼？
02：14：27　　【杜柏斯】仰角，十度。
02：14：28　　撞擊聲

內容取自座艙通話紀錄器的錄音抄本，內容並非完整，有時僅為描述現場氛圍。用詞非專業航空術語。時間為國際標準時間。

從手動進入自動的飛行年代

筆者於一九七零年代初期在紐約長島的共和機場（Republic Airport）學習飛行時，所使用的飛機是賽斯納一五〇式的教練機。那型飛機的儀錶不多，不但不必轉動頭部，連眼珠都不要動，整架飛機的狀況就可以一目了然。

然而儀錶雖然簡單，但是飛行起來飛行員要做的細微動作卻非常多。就拿最簡單的轉彎來說，如果要將飛機由正北的航向轉到向東，飛行員必須先將駕駛盤向右轉，然後右腳配合著踏下右舵讓飛機右轉，在這同時飛機因為開始向右傾側，導致翅膀所產生的昇力減少，飛機的高度會下降，於是飛行員抓著駕駛盤的手必須微微將駕駛盤向後帶住，另一隻抓在油門上的手也稍微的把油門前推，這樣才能讓飛機在抬高機頭之際，有足夠的馬力保持高度。

光是轉一個彎就需要眼睛、雙手及雙腳配合在一起才行，所以即使那型飛機的構造和儀錶都很簡單，但是在飛行日誌上所記下的每一個鐘頭飛行時間，都是非常紮實的、自己抓著駕駛盤飛的一個鐘頭。

當時和我一起學飛的一位美籍朋友，後來進入美國東方航空公司擔任飛行員。有一次在紐約與他重聚時，他告訴我說：「以前我們在長島飛行，每一個鐘頭都是實實在在的自己飛一個鐘頭。現在我由紐約飛洛杉磯，飛行日誌上寫六個小時，但是真正自己抓駕駛盤飛行的時間不到半個鐘頭，其餘的時間都是由自動駕駛在操控飛機。」

他說的情形在民航界非常普遍，因為現在的民航機在設計時，除了由工程師打造出一架能在四萬呎高空快速飛行的飛機之外，同時還要有一群電腦程式設計師，設計出一套可以取代飛行員的飛機操控軟體。

自動飛行是為了讓旅客更舒適

一般人在聽到這個的時候，都不禁會問道：既然飛機上已有飛行員，為什麼還要那套軟體？尤其是凡事都想削減費用、增加利潤的航空公司，為什麼在花費了大把銀子請了飛行員之後，還要再花錢購買減輕飛行員工作量的飛機操控軟體？其實，飛機公司設計那套軟體，與航空公司購買那套軟體，主要的目的是為了飛行安全及旅客的舒適。減輕飛行員的工作量，只是那套軟體的附帶功能而已。

自動駕駛如何能讓旅客更舒適？如本文開始時所舉轉彎的例子，如果飛行員要親自掌舵轉彎，必須要手腳配合做許多動作，才能讓飛機由正北轉向正東。在這過程中，因為每個飛行員的動作不盡相同，因此飛機轉動中有時會損失一些高度，乘客有時也會因為飛機轉動的角度過大而感覺到不適。但是當飛機上有電腦控制的自動駕駛，飛行員只要告訴電腦要由正北的航向轉向正東，電腦會先將右翼壓下，開始轉彎的步驟，然後電腦會將右邊發動機的油門推上，同時將機頭向上調。這些動作都非常的精準，因此轉個彎下來，絕對會比飛行員轉的要安穩，同時旅客也會舒適的多。

而那套飛機操控軟體除了這些功能之外，電腦程式設計師在飛行員的協助下，還將飛行時所有可能發生的各種狀況，都寫進電腦程式裡。比方說，在氣流不穩定的時候，飛機機翼會隨著氣流上下擺動，在飛行員還沒有感覺到機翼擺動時，電腦就已經偵知那輕微的擺動並立刻加以改正，所以飛機上沒有人會感受到飛機因為氣流而引起的小擺動。這樣在飛行中，電腦就接替了飛行員的工作，讓飛機能非常安穩的飛行。

如果飛行員不熟悉自動駕駛系統的話……

於是，飛行員除了要會開飛機及瞭解飛機上的各種不同的系統之外，更要熟悉那些電腦自動駕駛的操縱方式。因為，飛行員在飛機上所操縱的只是電腦，而真正操縱飛機的則是電腦。

然而，電腦雖然會安全的操縱飛機，但是一旦遇上一位對電腦飛行控制系統不熟悉的飛行員，那麼很可能就會因為對系統的運作模式不熟悉，而導致致命的後果。

二〇〇九年六月一日的深夜，在大西洋上空就發生了一起這樣的空難！

▤

六月在南美洲正是秋末冬初的時候，但是里約熱內盧的氣溫卻仍是宜人的攝氏二十幾度，所以海灘上仍充滿了許多由世界各地前來度假的人。

五月卅一日下午，卡洛琳．蘇樂絲（Caroline Soulas）與他的先生斯巴顯．維多瓦蒂（Sebastien Vedovati）站在海灘上，看著他們倆在海灘上的影子越拖越長，知道時間已經不早，是必須回旅館換衣服，準備上飛機場搭機回巴黎的時候了。維多瓦蒂是法航空服員，這次趁著到里約出勤的機會，帶著新婚太太卡洛琳同行，兩人在此地留下了不少青春留影。離開海灘的時候，卡洛琳發了一個簡訊給她遠在巴黎的母親說：「真是不願意離開里約，這裡天氣真好。巴黎那裡如何？」

同樣要搭那架法航飛機離開里約的旅客中有九名華籍乘客，其中六位是遼寧省本溪鋼鐵集團的員工，包含副總經理李明文、製造部部長張慶波、煉鐵廠廠長孫連有、燃料處處長申作冰，及另外兩位在本溪鋼鐵國貿公司擔任副總經理的陳持平及經理高星。他們到巴西是為了進口鐵礦石、礦粉等事宜與巴西方面商談，在會議結束後搭上這架法航班機，預備經由巴黎返回大陸。

空勤組員的工時

由里約直飛巴黎需要十一個小時，這個時間已經超過了「飛行員每次最多只能執勤十小時」的法國民航法規，所以法航通常為這條航線上的飛機安排三位飛行員。那天擔任機長的是五十八歲的馬克·杜柏斯（Marc Dubois），他在法航的經驗是分兩個階段的：一九七六年到一九八二年期間他在法航擔任空服員，後來他於一九八二年取得取得商業飛行執照，卻因法航航務部門當時沒有職缺，所以他無法進入法航擔任飛行員。他只好離開法航到一家小的航空公司擔任副駕駛，後來那家小航空公司在一九九七年被法航併購，杜柏斯再度開始他在法航的生涯。那天他駕機由里約起飛的時候，飛行總時間已高達一萬零九百八十八小時，其中有一千七百四十七小時的時間是空中巴士A330的飛行時間。

當天一同執勤的另外兩位副駕駛，其中一位是卅七歲的大衛·羅伯特（David Robert），他在一九九八年加入法航以前，先在航管中心擔任航管員。他的飛行總時間是六千五百四十七小時，飛行時間雖然沒有機長杜柏斯多，但他卻擁有四千四百七十九小時的A330飛行時間，是當天三位飛行組員中，對該型飛機最有經驗的組員。

同機的另一位副駕駛是卅二歲的皮耶．柏寧（Pierre-Cedric Bonin），他在整組人員中不但年紀最輕，經驗也最少，總飛行時數為兩千九百卅六小時，在A330上的時間也只有區區八百零七個小時。而那八百多小時中，還有絕大部分是自動駕駛的時間。

三位空勤組員在五月廿八日從巴黎執行飛行勤務到里約，在當地休息了三天之後，被安排於五月卅一日晚上駕著法航第四四七次航班飛返巴黎。

當天晚上七點廿九分（國際標準時間是晚間十點廿九分，此後本文中所有時間除非特別註明，都用國際標準時間），法航第四四七班次A330式客機，由里約國際機場起飛，預計十一個小時之後，於巴黎當地時間上午十點十分抵達戴高樂國際機場。

飛機起飛的時候是由機長杜柏斯及副駕駛柏寧兩人操縱，另一位副駕駛羅伯特待在駕駛艙後面的組員休息室裡休息。按照機長的計畫，他將在起飛三個半小時後與休息的副駕駛換班，然後在降落前三小時，他再將柏寧換下。這樣每個人當班的時間都在十小時之內。

班機不見了

飛機起飛後，先順著巴西海岸往東北方飛行，沿途一路正常，並在六月一日凌晨一點卅三分通過定位點INTOL，此時機長杜柏斯向巴西航管中心報告飛機當時的位置。這是那架飛機與地面的最後一次語音通訊。

飛過INTOL定位點之後，飛機繼續按照計畫中的航線向東北方飛行，在一點四十八分脫離了巴西航管的雷達監視範圍。如果一切順利，它將在二點廿分的時候進入非洲塞內加爾的航管雷達監視範圍。

然而，當晚的飛行並不順利，塞內加爾的航管中心在預定時間並沒有接到法航第四四七班次的報到，雷達上也沒有看到那架飛機的蹤影。

塞內加爾的航管人員一開始並沒有太在意，因為許多橫渡大西洋的班機都會因為天氣的影響，暫時無法與航管聯絡而延遲報到。

凌晨二點四十七分，塞內加爾的航管人員仍然無法與那架四四七次班機取得聯絡，在雷達上也沒有看到那架飛機。於是航管人員與大西洋中的維德角共和國（Cape Verde）的航管中心聯絡，詢問在他們的雷達上是否可以看到那架飛機。但是所得到的答案是否定的。

塞內加爾的航管人員於凌晨四點十一分仍未能與第四四七次班機取得聯絡。這時航管也正好在與另外一架位在大西洋上空的法航第四五九次班機聯絡，於是航管請法航第四五九班機幫忙聯繫第四四七班機，因為有時飛機離航管中心太遠，無線電無法直接連絡時，會請其它在空中的飛機代為聯絡，這是很普遍的作法。但法航四五九班機也無法與四四七次班機取得聯絡。

四五九次班機的飛行員在無法與四四七次班機取得聯絡之後，通知法航在巴黎戴高樂機場的維修部門，請他們試著用ACARS系統（Aircraft Communications Addressing and Reporting System）與四四七次班機聯絡。①但是維修部門在試了之後，發現ACARS竟然也無法與那架飛機取得聯絡。這表示那架飛機的ACARS系統若不是完全失效，就是飛機上的所有系統已經完全關閉！

法航維修部門此時又發現，就在兩個小時之前，四四七次班機的ACARS系統曾在短短的四分鐘之內，連續發出二十四項各種不同系統的故障訊息，之後就沒有再收到任何由四四七次班機上發出的ACARS訊息。由這些跡象看來，那架飛機已是凶多吉少了。

搜救行動展開

五點廿三分，大西洋兩岸所有的航管中心都已收到通知，要求尋找那架飛機，但是大家都知道這已是在盡人事而已了。

法國航空公司的巴黎總部在當地時間上午七點時，成立了應變小組。雖然還沒有任何有關那架飛機墜毀的訊息，但是公司當局已有接受最壞結局的心理準備，因為一架這麼先進的大客機不可能無緣無故在雷達幕上消失，更不可能停止對外界的一切聯絡。

巴黎當地時間六月一日上午十一點，還是沒有四四七次班機的消息，根據班機由里約起飛時所帶的油料計算，那架飛機已經不可能繼續在空中飛行了。於是法航正式宣佈：「第四四七次班機失蹤，判斷已經墜毀。」

由巴西及法國兩國所組成的聯合搜救隊伍，立刻由大西洋兩岸出發，前往四四七次班機最後所知的地點進行搜救。但是，茫茫大海，要找一架飛機摔成碎片之後的殘骸談何容易？

在沒有發現飛機殘骸之前，大多數調查人員都認為，這起失事很可能是由恐怖份子的攻擊所造成的。因為飛在三萬五千呎的飛機，除非是在瞬間爆炸，要不然無論是飛機的哪一個系統故障，飛行員一定會有時間通知地面，發出求救訊號。

五天後，一艘巴西海軍艦艇在失去連絡地點的西方十七浬處，發現那架飛機的一些殘骸。後來其它搜索船隻也在附近陸續發現了飛機機尾垂直安定面及一些飛機上人員的遺體。

①飛機上的另類通訊系統，定期的將飛機上各個系統的運轉狀況通知維修部門，維修部門也可以用這套系統像手機一樣與飛機互通簡訊。

飛機為什麼會墜海

雖然找到的飛機殘骸不多，但是調查人員根據所找到的飛機機鼻及機尾垂直安定面的破損情形，判斷飛機並不是在空中解體，而是在墜海那一剎那被撞碎。尤其是在機腹附近的一些裝備碎裂的情形，**更是顯示飛機是幾乎以水平的狀態撞毀在海面**。

既然已經判斷飛機並不是在空中爆炸後墜海，那麼恐怖份子用炸彈攻擊的假設就不再成立，於是調查人員更急著想找到飛機上的黑盒子及駕駛艙錄音機，因為只有找到這兩樣東西才能真正瞭解到底那架飛機上發生了什麼事，讓飛行員連求救的訊號都來不及發出就墜海失事。

黑盒子在設計時就考慮到，若飛機在海上墜毀，尋找黑盒子就不如在地面方便。因此工程師放了一個電力發聲的裝備在黑盒子裡，一旦黑盒子沈入水裡，黑盒子上的感應器被水滲濕之後，那個裝備就會每秒鐘發出一個三十七點五KHz的超音波，讓搜救隊伍的聲納可以藉著聲波找到黑盒子。黑盒子裡的電池在水面下差不多有一個月的壽命，所以搜救隊伍必須在電池的電力用罄之前找到黑盒子，要不然過了期限，就幾乎不可能找到它了。

搜索人員是利用一個拖在船後面、沈入水中的聲納，來搜尋水面下黑盒子所傳出來的聲音。有幾次在船上的搜索人員都認為他們已經聽到黑盒子所發出的聲音，但後來都證實只是海底的雜音。

一個月很快就過去了，法國及巴西兩國搜索團隊運用飛機及艦艇，對失事現場附近進行了三十二萬平方公里的目視搜尋之後，搜索人員只在水面打撈起包括飛機襟翼、發動機的外罩及機腹的一些殘骸，還有五十具屍體。那些找不到遺體的家屬對著大西洋廣闊的海面撒下懷念的花束之後，那架飛機就在世人的記憶中逐漸淡去，而飛機失事的理由似乎也將隨著大部分的機身永遠沉沒在大西洋的底下了。

不眠不休持續尋找

不過，對於製造商空中巴士飛機公司來說，找出真正失事的原因，是非常重要的事。在他們看來，一架如此先進的飛機在沒有呼叫就由三萬多呎的高空直墜落海，是不可思議的事，因此他們覺得一定要找到黑盒子及駕駛艙錄音機，來分析這架飛機墜機的原因。況且，還有七百餘架同型的飛機在世界各地飛行，空中巴士飛機公司絕對不希望這個慘劇再度發生。

於是法航與空中巴士飛機公司決定繼續出資，雇用世界上頂尖的海底搜索公司去尋找飛機上的黑盒子及駕駛艙錄音機。負責調查這一失事事件的法國調查分析局（BEA, Bureau d'Enquêtes et d'Analyses）局長保羅・阿斯藍恩（Paul Arslanian）卻對這個搜尋行動不抱任何希望，因為殘骸附近的海洋深達一萬餘呎，而且海面下的地勢也相當險惡。而那個只有兩呎長半呎寬、一呎高的黑盒子，可能擠在海下山谷中的幾塊岩石當中，那根本就是像大海撈針般的困難。

由二〇〇九年六月到二〇一〇年年底的十八個月之間，兩家公司一共花費了兩千八百萬歐元，先後雇用了三家海底搜救打撈公司，卻沒有發現任何蛛絲馬跡。

找到了！

二〇一一年年初，法航及空中巴士飛機公司又與美國的美創公司（Metron Inc）簽約，請他們設法尋找飛機的黑盒子。美創公司曾經成功利用「貝勳搜索方法」（Bayesian Search Method）②於一九六〇年代末期找到美國海軍失蹤的蠍子號核子潛艇（USS Scorpion）殘骸，因此法國方面希望這家公司能夠有些成果。

美創公司也真是不負所託，在搜尋的第一個星期就在一萬三千呎的海底，找到了一大批在海底的飛機殘骸，在殘骸中他們不但找到了搜尋已幾近兩年的黑盒子及駕駛艙錄音機，更發現了有超過一百具以上的遺體竟仍然還被安全帶繫在座椅上！

二〇一一年五月七日，黑盒子及駕駛艙錄音機由海底撈起後，被送回巴黎的調查分析局。調查人員將裡面的資料取出後，飛機墜毀的原因及駕駛艙內最後半個小時的動態才終於真相大白。

調查人員根據黑盒裡的飛航資料，加上駕駛艙裡的飛行員對話，讓他們瞭解原來這又是一起因為微小的機件故障，導致飛行員後繼的操縱錯誤，而造成的空難事件。

空難是這樣發生的

以下就是筆者根據飛行員最後四十五分鐘的對話與動作，及黑盒子裡的飛航資料，整理出來的那架飛機墜海的經過。

駕駛艙的錄音是由國際標準時間六月一日凌晨零時九分十四秒開始，前面九十餘分鐘的

②一種利用數學統計方法來搜尋在大海中的沉船殘骸。

錄音都是相當平常的對話，那時飛機正以零點八二馬克的速度飛在三萬五千呎的高空，機長杜柏斯坐在駕駛艙左座正駕駛的位置上，資淺副駕駛柏寧坐在駕駛艙的右座，他被機長指定負責監視飛機狀況及操縱飛機，雖然真正在操縱飛機的是自動駕駛。

01:33:48　機長杜柏斯向巴西航管中心報告，飛機正通過INTOL定位點。

01:36　飛機飛近一個熱帶風暴系統，四四七次班機並沒有像其他在附近的班機一樣，轉向繞過那個風暴，而是直直的對著它飛了進去。

02:00　機長通知正在休息的另一位副駕駛羅伯特進入駕駛艙來接他本人的班。機長將左座的座位讓給羅伯特，雖然羅伯特比柏寧資深，經驗也比柏寧多出許多，但是機長卻仍然指定由柏寧繼續操縱飛機。調查人員認為，這時有許多不合理的狀況：其一是機長沒有指示柏寧轉向繞過那個熱帶風暴，其二是在那種特殊的天候狀況下，他沒有選擇繼續待在駕駛艙，而決定去休息。其實，以飛機的速度，頂多十幾分鐘就會飛越雷雨區，他卻不願意在駕駛艙內多待十幾分鐘。

02:02　機長離開駕駛艙到休息室去休息，整架飛機上的乘員在十五分鐘之後將全部命喪黃泉！

02:03:44　柏寧：「啊，原來這就是『間熱帶幅合區』，③我們正在裡面……就在SALPU與TASIL之間，嘿……我們就飛在裡面。」資淺的柏寧似乎對附近的天氣狀況有些膽怯。

飛機顛簸的程度在這時開始變大。

02:05:55　羅伯特：「是的，讓我們告訴後面的，讓他們知道……」

③「間熱帶幅合區」是赤道附近持續惡劣氣候的區域，SALPU及TASIL是航路上的兩個定位點。

他說著並同時按下電鈕通知機長回到駕駛艙。

02:05:59 瑪麗蓮（空服員）：「有什麼事嗎？這是瑪麗蓮。」

這很可能是羅伯特按電鈕呼叫機長時，柏寧也用機內通話系統呼叫空服員。

02:06:04 柏寧：「嗨，瑪麗蓮，這是皮耶……聽著，再過兩分鐘我們會經過一段更大的雷雨區，會顛的比現在還要厲害，妳要注意一下。」

02:06:13 瑪麗蓮：「好的，那我們都該坐下？」

02:06:15 柏寧：「我想你們都最好坐下，讓其他人也知道。」

02:06:18 瑪麗蓮：「好的，我會通知所有後艙的人，謝啦。」

02:06:19　柏寧：「等我們飛過那個區域之後，我會再通知妳。」

02:06:20　瑪麗蓮：「好的。」

02:06:50　柏寧：「我們打開防冰系統吧，總比沒打開好。」

02:07:00　柏寧：「我們似乎已經在雲層的最後一段了，應該沒問題了。」

02:08:03　羅伯特：「你該可以向左稍微偏一點。」

飛行資料顯示羅伯特此時將雷達的搜索範圍調大，說不定他在那時才發現在他們前面的雷雨區比他們先前所預估的要大的多，因此他向柏寧建議將航向偏左，想避開雷雨區。

02:08:06　柏寧：「抱歉，你說什麼？」

02:08:07　羅伯特：「你可以稍微的向左偏一點，你現在是用手動，是吧？」

柏寧將飛機向左轉去，就在那時，柏寧大概聞到了座艙裡有一股他所不熟悉的味道。他有些緊張的問羅伯特那是什麼味道，羅伯特花了一些時間向他解釋那是臭氧的味道，因為在雷雨區附近，空氣中充滿了帶電分子的緣故。

02:10:03　駕駛艙中響起一聲警鈴，飛行員前面的銀幕顯示自動駕駛已經解除，那是因為機外的雷雨在碰到空速管之後結冰。空速管被冰堵住之後，飛機的操控電腦就失去了飛機空速的資料，在沒有空速資料的狀況下，自動駕駛就無法繼續操縱飛機，於是就將飛機操縱權交還給飛行員。

02:10:06　柏寧：「我開始控制飛機。」

這是飛機上的基本程序，在自動駕駛跳脫時，擔任操控的飛行員必須立刻抓住駕駛桿，並做出宣告，讓另一位飛行員知道已經有人開始抓操縱桿控制飛機了。

02:10:07　羅伯特：「瞭解。」

其實，空速管結冰，使飛行員及操控電腦失去空速的資料，並不是什麼大毛病，因為空速管在加溫狀態下，會很快的將冰融化，使一切恢復正常，在等待空速管上的冰融化的期間，飛行員只要抓穩駕駛桿，穩住飛機的狀態，就沒問題。

如果空速的資料一直無法恢復，空中巴士的訓練課程中也有針對這樣的教材：飛行員根據人工地平儀的指示將機頭帶高五度，同時將發動機的推力調到百分之八十五，飛機也會保持狀態繼續飛下去。然而，飛機在雷雨區內顛簸的情形，說不定讓柏寧失了常態，**他抓住駕駛桿之後竟將它回拉到底，這樣促使飛機立刻以大角度爬高**。

幾乎就在同時，飛機的電腦發出另一個警告，告訴飛行員飛機已經飛離預設的飛行高度，然後飛機因為爬升的角度太大，電腦又發出了「失速」的警告。

「失速」是相當嚴重的事，電腦一直重複這個警告幾乎有半分鐘之久，但是很奇怪的是，駕駛艙裡的兩個人像是完全沒有聽到這個警告一樣，不但沒有人反應，也沒有人做出任何處置。

02:10:11 羅伯特：「怎麼了？」

02:10:14 柏寧：「情況不妙……我們失去了空速指示。」

02:10:16 羅伯特：「我們沒有空速指示？」

飛機這時以每分鐘七千呎的速度爬升，空速錶的指示在不規則的跳動著。羅伯特根據他的經驗知道，在這個高度如果以那麼大的角度爬升，空速一定會下降。

02:10:27 羅伯特：「注意速度，注意速度。」

空速錶還是相當不穩定，讓人無法知道當時真正的空速，但是柏寧也該知道飛機的空速會因大角度的爬升而下降。

02:10:28　柏寧：「好的，瞭解，我正在推頭下降。」

柏寧雖然說他在推頭下降，但是他只稍微的放鬆一點拉桿的力量，飛機其實仍在爬升。

02:10:31　羅伯特：「下降……它仍然顯示我們在爬升……它仍然指示著我們在爬升，推頭。」

02:10:35　柏寧：「好的。」

那時其中一個空速管已經恢復正常，飛機駕駛艙內的儀錶又開始指示正常的空速。

02:10:36　羅伯特：「推頭！」

羅伯特看著儀錶的指示，覺得飛機的仰角還是太大。

02:10:37　柏寧：「好的，開始下降。」

雖然柏寧又說著要推頭，他仍然只是放鬆了一點帶桿的力量，然而這也足夠讓飛機的空速增加到每小時兩百廿三浬，失速的警告也暫時消失。但是，好景不常，這樣飛了沒幾秒鐘，柏寧再度將駕駛桿拉回，於是飛機又昂首爬高，空速也相對的開始下降，失速警告又響了起來。

讓所有調查人員覺得奇怪的是：由先前的「失速」警告響起一直到最後飛機失事，**飛機的操控電腦總共發出了七十四次「失速」的警告，但駕駛艙內不但沒有任何一位飛行員處理這件事，他們之間竟然也沒有人討論這個警告。而且最糟糕的是，柏寧還一直將駕駛桿拼命的向後帶著，這是與失速改正完全相反的動作。**④

羅伯特那時覺得該請機長回到駕駛艙來了，於是他再度按下呼叫機長的電鈕。

02:10:49　羅伯特：「他媽的，他到底到哪裡去了？」

那時又一個空速管回復正常，至此駕駛艙內所有的儀錶完全恢復正常。**如果那時將自動**

④失速改正時，必須將駕駛桿向前推。

駕駛重新啟動，飛機操控電腦將會帶他們飛出困境，但是他們卻繼續用手控制飛機，直到飛機墜毀，這是調查人員難以理解的事。

02:11:03　柏寧：「我現在正在重飛狀態（TOGA，Take Off Go Around狀態）。」

柏寧的這句話讓調查人員覺得，他已經看不出飛機的狀況，而只是想儘快的飛出當前的險境。只是，重飛狀態是為了飛機在降落時，萬一進不了場而設計的功能，飛機一旦進入重飛狀態，發動機馬力會增加，飛機會抬高機頭。

然而在三萬七千呎的高度，空氣相當稀薄，發動機所增加的馬力不多，機翼所產生的昇力相對的比在低空要少，因此，在這個高度啟動重飛狀態，飛機不但不會飛高，反而會因機頭抬高，而進入失速。

02:11:06　羅伯特：「他媽的，他到底來不來？」

面對這一連串的狀況，羅伯特對機長開始有些抱怨了。

飛機這時的仰角已高達十八度，而速度卻只有九十餘浬，所以根本就是在失速的狀態。

02:11:21　羅伯特：「我們的發動機還在正常運轉！到底是怎麼一回事？我不懂這到底是怎麼一回事。」

羅伯特一定為當時的狀況搞糊塗了，因為狀態儀指著飛機的仰角很大，表示飛機正在爬升，但是高度錶的指示卻正快速的下降，而且飛操電腦一直發出「失速」的警告，其實這些指示正是一般飛機失速的狀態。只是一般飛機失速時機頭都會下墜，**而羅伯特不知道這架飛機機頭高昂的原因是因為柏寧一直帶著駕駛桿！**

空中巴士與波音兩家飛機公司在設計駕駛艙時，最大的不同就是波音公司是用傳統式的駕駛盤，而且正副駕駛的兩具駕駛盤是同步的，一位飛行員不但可以看到另一位飛行員抓著駕駛盤的動作，也可以感覺到另一位飛行員的操作份量。**而空中巴士卻捨去駕駛盤而用駕駛桿，正駕駛的駕駛桿在座椅的左邊，飛行員必須用左手抓駕駛桿，副駕駛的駕駛桿則在座椅的右邊，飛行員必須用右手抓駕駛桿，而且這兩具駕駛桿不是同步的，這種情況下，一位飛行員就很難知道另一位飛行員用多大的力道在操縱駕駛桿！**

▤

02:11:32　柏寧：「媽的！我控制不了飛機了，我完全無法控飛機了！」

▤

柏寧的聲音已經失控。

▤

02:11:37　羅伯特：「我來控制！」

羅伯特雖然經驗豐富，但是他當時也沒料到飛機正以驚人的速度向下掉。所以當他抓住駕駛桿之後，也是將駕駛桿向後帶，完全忽略了那一直在他們耳邊的「失速」警告。調查人員覺得他們沒有把那個警告當一回事的最主要原因是：他們都認為那個警告是錯誤的，因為這型飛機的飛操電腦是不可能讓飛機進入失速的狀態！

在正常自動駕駛的控制下，這種飛機還真是不可能進入失速狀態，但是此時飛機已經由自動駕駛的模式中跳開，變成由飛行員控制，而在柏寧一直牢牢往後帶著駕駛桿的狀況下，飛機進入失速的狀態是很自然的事。

就在這時，機長走進駕駛艙，迎接他的是兩張驚慌的面孔及連續不斷的「失速」警告聲。

02:11:43　機長：「你們在搞什麼鬼？」

02:11:45　柏寧：「我們無法控制飛機！」

02:11:47　羅伯特：「我們完全失去對飛機的控制，我們不知道是怎麼一回事……我們試了所有的法子。」

調查人員也無法瞭解為什麼機長在進入駕駛艙後，沒有叫其中一位飛行員讓開座位，讓他坐上駕駛座，他只是坐在兩位駕駛員後面的中間座位上。調查人員認為如果他坐上駕駛座，親自抓住駕駛桿後，以他的經驗他該很快會知悉飛機的狀態。

飛機的儀錶那時顯示的是仰角十五度，攻角四十一點五度，⑤下降率已接近每分鐘一萬呎，然而空速只有區區六十浬，飛機幾乎就是保持著這個「機頭朝上」的姿態一直到撞入海中！

02:12:02　柏寧：「我的顯示沒有了。」

幾乎是同時，羅伯特也做了同樣的表示。調查人員判斷那時儀錶板上的顯示器，可能短暫的失效。

▤

02:12:14　羅伯特：「你認為是怎麼一回事？你認為是怎麼一回事？我們該怎麼辦？」

02:12:15　機長：「欸，我也不知道。」

▤

調查人員覺得機長突然接到如此多的訊息，其中還有些訊息是互相牴觸的，以致於他一時也無法做出正確的判斷。

這時，駕駛艙裡的幾位飛行員短暫的討論了一下飛機到底是在上升或是下降，當高度錶

---

⑤飛機仰角是機身與水平面之間的夾角，攻角（Angle of Attack）是機翼與相對風之間的夾角。

顯示著飛機已經降到一萬呎時，大家終於認清楚飛機正在以驚人的速度下墜！在瞭解現狀之後，羅伯特以他的經驗做出了自然的反應，他抓過駕駛桿，將它向前推去，想將飛機的機頭推下，以增加速度。但是，柏寧仍然將駕駛桿緊緊的帶著，在兩位飛行員同時操作駕駛桿的時候，飛操電腦是將兩位的力量中和之後，作為最後輸出的力量，所以當羅伯特推頭的時候，他不知道柏寧正死命的往後拽著駕駛桿，所以飛機仍然是保持機頭抬高的狀態。

▤

02:13:40　羅伯特：「爬高……爬高……爬高……爬高……」

02:13:40　柏寧：「我一直是在帶桿啊！」

▤

機長在聽到柏寧說出這句話時，終於瞭解事情的真相。

▤

02:13:42　機長：「不，不，不！不要帶桿，不，不！」

02:13:43　羅伯特：「讓我來控制……讓我來控制。」

柏寧終於鬆開了駕駛桿！羅伯特將機頭推下，飛機開始增加空速，但是當時的高度已經降到兩千呎了，已經沒有足夠的空間可以讓飛機在增加空速後再度爬升了，飛操電腦也在那時發現飛機正快速的接近海面，於是發出另一個「拉起來」的警告，柏寧在聽了這個警告之後，又將駕駛桿向後拉到底，只是，這時的這個錯誤對整個結局來說已經是無關緊要了。

02:14:23　羅伯特：「天哪，我們要砸掉了……這不可能是真的！」

法航447班機的最後時刻與撞擊時的姿態

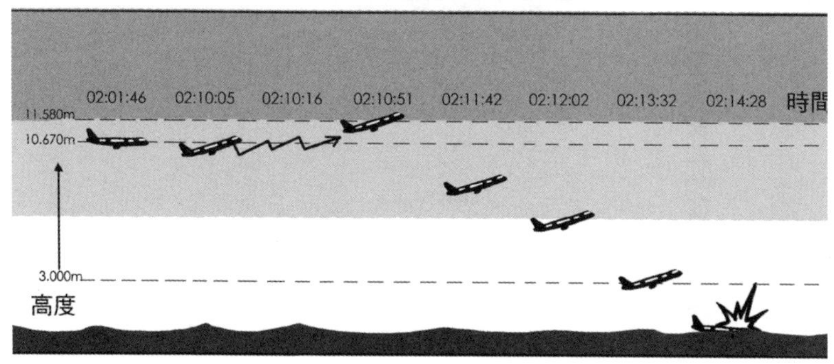

02:14:25 柏寧：「到底是怎麼一回事？」

02:14:27 機長：「十度仰角……」

話還沒說完，飛機就在一點四秒之後撞在海面！在巨大的撞擊力下，飛機立刻撞碎，機上所有的人也在瞬間喪生。

到最後一刻都還搞不清楚原因……

在知道這次失事的來龍去脈之後，法國調查分析局在失事調查報告中指出，這次重大失事的主要原因有下列幾項：

1.飛機的三具空速管暫時被冰堵住，導致飛機自動駕駛在沒有空速資料的狀態下而跳脫。

2.飛行員在自動駕駛跳脫之後，不當的操縱導致飛機進入不正常狀態。

3.飛行員完全沒有理會飛操電腦所發出的「失速」警告。

4.飛行員沒有即時判斷出飛機的狀態，導致最後已經沒有解出的空間。

由這幾項原因看來，絕大部分的過失是人為的，而唯一的機械故障（其實算不上是故障）只是空速管暫時被冰堵住，根本不是什麼大問題，空中巴士的飛行教範本裡對這個問題有詳細解決辦法。但是，書裡所寫的解決辦法再好，如果不認真去研讀並瞭解，還是一樣沒用。

羅伯特在最後說出：「天哪，我們要砸掉了……這不可能是真的！」那是他終於瞭解飛機是因為什麼原因而即將墜毀，但為時已晚。

而柏寧在飛機撞海之前四秒所說的那句話：「到底是怎麼一回事？」則表示一直到最後他都不知道，他是將飛機帶到那個死胡同裡的罪魁禍首。

法航第447班機就是以機頭朝上的姿態從高空墜落至海面

▤

飛行是一種技術，電腦更是一種專門的學問，現代客機的飛行員除了要有飛行技術，還必須懂得電腦。雖然由里約飛往巴黎的十一個小時飛行中，飛行員真正用手控制飛機飛行的時間不會超過半個小時，但是一旦飛機在半途中發生故障，就要完全仰賴飛行員的技術，及他對飛機各種系統的瞭解，才有機會化險為夷。

坐在飛機駕駛艙內的每一個飛行員的技術參差不齊，雖然有一些飛行員會像本文中的那位柏寧一樣，因為沒有將飛機的系統搞懂，而導致整架飛機的乘客枉死，但幸運的是，像柏寧這樣的飛行員畢竟是少數，絕大多數的飛行員是像幾年前美國全美航空公司（US Airways）的薩利機長（Capt. Sullenberger）一樣，不但非常瞭解飛機的性能及系統，更有高超的飛行技術，在飛機的兩具發動機因為撞鳥而同時失效的時候，能冷靜的將飛機安全的迫降在哈德遜河裡，讓所有旅客毫髮無傷的離開飛機。

第7章

很久以前犯了一個小錯誤

日航第123班機基本資料

日期時間	1985.08.12 凌晨
機型	波音747-146SR
航班代號	JL 123
地點	日本群馬縣上野村附近山區
機上人數（乘客+飛行組員）	509 + 15
死亡人數（乘客+飛行組員）	505 + 15

日航第123班機的最後時刻

18:24:34　（傳來巨大的爆擊聲、駕駛艙內警告聲響起）
18:24:34　【機長】是什麼？檢查起落架……起落架
18:24:44　（預錄的合成語音警告聲）戴上氧氣罩，繫緊安全帶，緊急降低高度。
18:24:54　【無法判定誰發話】液壓讀數下降。
18:25:03　（警告聲響不停）
18:25:13　【機長】右轉……向右！
18:25:14　【副駕駛】我向右了。
18:25:50　【機長】不要那麼快。
18:25:50　【副駕駛】好的。
18:25:50　【機長】不要那麼快
18:26:08　【機長】帶回來。
18:26:09　【副駕駛】拉不回來。
18:26:12　【機長】拉起來……所有液壓系統失效。
18:30:52　【飛航工程師透過機內通話器詢問空服員】客艙壓力如何？乘客氧氣罩掉下了沒？乘客氧氣罩下來了。
18:33:12　【飛航工程師】R5門？知道了，是，是……
18:37:30　【機長】機頭壓下來……壓下來…壓下機頭……
18:38:15　【副駕駛】好的。
18:38:28　【機長】用兩手！用兩隻手！
18:38:39　【飛航工程師】要不要放下起落架？放起落架……
18:38:53　【機長】機頭壓下來
18:38:53　【副駕駛】好的。
18:39:59　【機長】機頭壓下來……那是什麼？
18:40:21　【飛航工程師】起落架已經放下。
18:40:59　【機長】機頭壓下來！不要管那個了。

18：46：20　【空服員對乘客】有嬰兒隨行的旅客請用手緊抓椅背，抱緊小孩。安全帶都綁了嗎？桌子收好了沒……可能會無預警降落……正在聯繫地面。
18：47：28　【飛航工程師】所有液壓失效。
18：47：28　【機長】前面有山……拉起機頭……那個是山！
18：47：28　【副駕駛】是的。
18：47：28　【機長】向右。
18：47：57　【機長】向右，帶機頭，我們會撞山。
18：47：58　【機長】最大推力。
18：48：07　【機長】左轉。
18：48：07　【副駕駛】是的。
18：48：58　【飛航工程師】我要加大推力嗎？
18：48：58　【機長】推力！推力！（駕駛艙內警告音響起）推力……增加推力，增加推力。（警告音響不停）
18：49：46　【機長】注意失速。（失速警告聲持續）
18：50：04　【副駕駛】請增加推力。
18：51：41　【機長】機頭降低。
18：53：13　【機長】拉起機頭…推力。
18：54：16　【機長】對，向左，左轉……左轉……問他們我們的位置。
18：54：16　【飛航工程師】是的，我問他們。
18：54：47　【機長】壓低機頭。
18：54：47　【副駕駛】是的…小心控制。
18：54：55　【飛航工程師】是的，知道了，知道了……他們說我們在熊谷西側25英里的地方。
18：55：01　【機長】襟翼放滿了？
18：55：04　【副駕駛】是的，襟翼10。
18：55：15　【機長】帶起機頭。

18：55：15　【副駕駛】是的，知道了。
18：55：17　【機長】帶起機頭。
18：55：19　【機長】帶起機頭。
18：55：25　【機長】帶起機頭。
18：55：48　【機長】襟翼不要放那麼快。
18：55：48　【機長】襟翼up……up……up……
18：55：48　【不確定發話者】好的。
18：55：55　【機長】推力，推力……襟翼。
18：55：55　【副駕駛】我在收了。
18：56：05　【機長】帶機頭！帶機頭！推力！
18：56：14　【語音警告】拉起！拉起！拉起！
18：56：23　（第一次撞山的撞擊聲）
18：56：23　【語音警告】拉起！拉起！拉起！
18：56：26　（第二次撞山的撞擊聲）
18：56：28　（錄音停止）

內容取自座艙通話紀錄器的錄音抄本，內容並非完整，有時僅為描述現場氛圍。用詞非專業航空術語。時間皆為當地時間。

有了標準作業程序就不會犯錯嗎？

飛機是一種非常複雜的交通工具，它不但能帶著幾百個客人及數以噸計的貨物，以數百英哩的速度在幾萬呎的高空連續飛行十餘小時，更可以讓飛行員在飛行的時候，隨時都知道自己精確的位置，並與幾千哩之外的地面管制人員清楚通話。

這些飛機更需要有受過專業訓練的維修人員，來確保所有的機件及系統在飛行期間正常運轉，讓飛行員安全的將飛機飛抵目的地。

但是人卻是經常會犯錯誤。一個錯誤的動作或判斷所引起的後果，輕微的話可能只是讓一些乘客感到不舒適，嚴重的話就很可能造成幾百人的傷亡。**為了避免這種失誤，航空界幾乎將所有飛行員或是維修人員在什麼情況下、該做些什麼事都用白紙黑字寫下來，希望藉著這些既定的程序，將可能發生的失誤減到最少**。

然而，還是同樣的一句話，人是會經常犯錯誤的。即使有準則要遵守，但是總是有人會為著某些理由，而不去遵守準則。若是飛行員犯錯，會導致飛機出現立即的後果；而修護人員所犯下的錯誤，有時要到幾年之後，後果才會出現。

以下要說的故事就是一件修護人員在修理飛機壓力艙壁時，因為沒有遵守維修手冊上的程序，而在七年後造成一件導致五百餘人死亡的巨大民航失事慘劇。

載客人數高、起降次數頻密的班機

一九八五年八月十二日，正值日本盂蘭盆節時期，是傳統上返回故里與家人歡聚的日子，於是各式的交通工具都擠滿了返鄉的人。

當天下午四點五十分，一架日本航空公司的飛機由福岡載客飛抵東京的羽田機場落地。那是一架機身編號為JA8119的波音七四七—一四六SR（SR是Short Range，短程的意思），是日航專門為了國內短程、高載客量而向波音訂購的飛機，飛機上可以裝載五百名以上的乘客。它的機齡雖然只有十一年的歷史，但已累積了一萬八千八百卅五次的起落次數，及二萬五千零三十小時的飛行時間。

那架飛機下一個班次的編號是日航一二三班機，目的地是兩百五十哩之外的大阪。根據訂位記錄，該航班有五百餘位乘客，所以光是讓乘客登機，就花了許多時間。在旅客陸續登機的時候，有位名叫落合由美的女士焦急的等在登機門處，原來她是休假中的日航空服員，她必須等所有旅客登機之後，才能知道飛機上是否還有空位，能讓她拿著員工福利票以候補的身份登機。

任務：載客 ＋ 飛行員訓練

這趟航班除了載客之外，也擔負著另一個任務：就是副駕駛佐佐木祐的進階訓練。三十九歲的他已經有了三千九百六十三小時的飛行機驗，其中包括二千六百五十小時的波音七四七飛行時間。進階訓練之後如果通過考核，他就可以晉升為正駕駛，擔任機長的職務。

當天坐在駕駛艙右座擔任考核的，是公司裡的資深教官高濱雅己，他有一萬二千四百小時的總飛行時間，這其中有四千八百五十小時是波音七四七的飛行時間。因為那天的飛機是波音七四七－一〇〇系列的飛機，所以駕駛艙裡還有另一位組員，就是飛航工程師福田博。他也是工程部門的教官，有著九千八百小時的飛行時間，其中有三千八百五十小時是七四七的飛行時間。

所有乘客登機之後，落合由美小姐非常興奮的被告知：飛機上還有空位，所以她可以登機。她被安排在飛機尾部第五十六排的一個位置。

飛機後推：結局的開始

東京時間下午六點零四分，飛機由登機門後推。坐在右座、負責考核的高濱教官對著駕駛艙裡另外兩人表示，此趟飛行將由左座的副駕駛佐佐木負責操控，而他本人將擔任與地面聯絡的工作。

飛機於六點十二分由羽田機場起飛，朝東北方爬升到三千呎上空，佐佐木將飛機轉了個一百八十度的彎，繼續對著東京灣的西南方爬升。通過伊豆大島上空時，他再將飛機轉向西邊，對準大阪方向展開飛行。

下午六點二十四分，當飛機正通過兩萬四千呎的空層之際，突然一聲尖銳的爆炸聲由機尾處傳來，霎時之間飛機裡的空氣立刻變成霧狀！還有一股強烈的風從機艙內開始往機尾方向衝去，座艙內的氧氣面罩也由艙頂落下。坐在飛機後部的落合由美根據自己的空服員訓練，立刻覺得應該是飛機某個部位的門或窗戶已經開啟，導致飛機開始猛暴性洩壓。

坐在飛機前面頂端駕駛艙內的三位飛行人員當時只聽到一聲巨響，並不瞭解發生了什麼狀況。高濱教官根據那個爆炸聲的強烈度，判斷飛機的某個部位一定出了不小的狀況，他很警覺的在爆炸聲響起後的十五秒鐘之內，就通知地面飛機已遇上緊急情況。

而飛航工程師福田根據儀錶板上的指示，發現所有液壓系統的壓力都在快速的下降，他喊了一聲：「液壓壓力下降！」

緊急狀況！

但是正副駕駛兩人已無暇去理會他所說的話了，他們兩人忙著控制那似乎已經失控的飛機。

根據駕駛艙錄音機所錄下的聲音，及飛行記錄器所錄下來的飛行資料，我們大致可以瞭解在駕駛艙裡發生了什麼狀況。

地面航管人員在知道那架飛機遇上嚴重的機件故障之後，首先建議他們前往前方七十八哩的名古屋機場落地，但是高濱教官卻表明要返回羽田機場落地（當時羽田在他們後面一百二十哩），於是航管人員立刻給了他一個向右轉回羽田的航向。

「右轉。」高濱教官立刻指示佐佐木向右轉。

「右轉。」佐佐木重複著指令，並將駕駛盤向右轉去，飛機液壓系統裡僅剩的液壓油讓飛機向右轉去，但就在那時液壓油就完全漏光，導致飛機的副翼竟無法反轉回來，使飛機就繼續的向右壓坡度。

「坡度不要壓這麼大。」高濱教官看著飛機繼續向右壓坡度，不禁提醒佐佐木。

「是的，長官。」佐佐木試著將駕駛盤向左反轉，但是飛機沒有任何反應。

「坡度不要壓這麼大。」高濱教官的口氣開始有些不耐。

「是的，長官。」佐佐木繼續試著將駕駛盤向左轉去，但是飛機仍然沒有任何反應，繼續向右增加坡度。這種情形下，佐佐木仍然秉著對上級服從及敬畏的日本傳統，很禮貌的回應高濱教官，而沒有明確報出飛機「無法反轉回到正常姿態」的狀況。

「改正！」面對著這突如其來的許多狀況，加上副駕駛並未即時將飛機的坡度減小，使高濱教官有些焦急了。

「無法改正。」佐佐木這才將飛機的困境報出。

高濱教官才意識到飛機上四套液壓系統的壓力全都消失了。

波音七四七上所有的操縱面都是由液壓系統來掣動，一旦失去液壓系統，就表示失去了對飛機的控制，這是個非常嚴重的問題。

臨機應變的處置

看著飛機繼續向右偏去，高濱很快想到了一個非傳統式的代用方法：他將左側的兩具發動機油門收回，並將右側兩具的發動機油門推上，這樣利用兩側的推力差，將飛機暫時由向右急轉中改出。

將飛機改出之後，佐佐木請飛航工程師福田與公司的工程部門聯絡，看看他們能否提出一些建議將他們帶出這個困境。

當高濱將飛機由持續右轉改出時，飛機的姿態是機頭朝上的爬升狀態，於是佐佐木想將機頭推下改成平飛，因此他將駕駛盤向前推去。同樣的，這架滿載時可超過卅二萬公斤的巨大飛機竟然毫無反應！飛機就那樣持續向上爬升，不久又因為仰角太大而失速，變成向下俯衝的狀態。

高濱及佐佐木兩人在飛機以大角度俯衝的時候，立刻把握機會將四具發動機的油門同時推上，使得飛機在俯衝及發動機推力的雙重作用下，空速立刻飛飆上來。大空速會產生昇力，昇力讓這架飛機由俯衝的狀態中改出，開始再度爬升。可是在這一次爬升中，機頭又出現了仰角越來越大的狀況。

大概是為了怕重複剛才大仰角所引起的失速，高濱教官這時將發動機的油門收回，這個動作果然產生效果，機頭仰角不再繼續增加，但是飛機卻因發動機的推力減小，右翼開始下垂，飛機又進入右轉的狀態。

於是高濱及佐佐木兩人就又開始重複原先的步驟：不斷推、收飛機雙翼上四具發動機的油門，企圖再度利用推力差來控制飛機。

但是發動機的推力差，究竟無法準確控制飛機仰俯及方向，所以飛機就在這種情況下不斷重複仰俯及左右擺動的動作。

休假空服員挺身而出

這時在客艙中更是亂成一團，雖然每次起飛之前，空服員都會說明一旦飛機在失壓的狀況下，氧氣面罩會由機艙的天花板墜下，而且也詳細的解釋如何使用氧氣面罩。但一旦遇到真實情況，只有少數乘客有能力以正確的方式配戴氧氣面罩。於是呼救聲由客艙中各個不同的角落不斷傳出。

飛機上十五位空服員本身也被這突如其來的狀況嚇到了，但她們仍然盡力去安撫大家，替大家戴上氧氣面罩。坐在飛機尾端的落合由美小姐雖然在休假，基於責任感她決定挺身而出，協助那些當班的空服員。於是她由她的座位上站起來，開始執行空服員的職務。

這時在駕駛艙內，飛航工程師福田發現他前面的儀錶板上有一個黃燈在閃，那是機門的警告系統正在警告他：飛機右五號門（飛機右側的最後一個門）的安全鎖栓已經開啟。他根據當時飛機洩壓的情形判斷，覺得此刻他們正面臨著機門開啟而導致機艙洩壓的狀況。

福田弄清楚機艙洩壓的原因來自飛機的機門開啟之後，曾對機長高濱說：「我們該戴上氧氣面罩吧。」

「是的，最好戴上。」高濱說著。

「我也覺得最好戴上氧氣面罩。」佐佐木也接著說。

雖然駕駛艙裡的三位組員都認為要戴上氧氣面罩，但不知道為了什麼原因，一直到飛機墜毀為止，三位空勤組員都沒有將面罩戴上。

狀況完全無解

此刻在羽田機場的日航修護中心裡，工程人員們也從福田飛航工程師那裡得知該機的右五號門開啟，導致機艙猛暴性洩壓、飛機四套液壓系統全部失效。因此工程人員們急忙檢視波音七四七的技術手冊，希望能提供福田一些對策。飛機洩壓其實問題不大，**只是四套液壓系統壓力的指針全部指零，這是根本無解的狀況啊，手冊上也沒有對這種問題提供任何對策！**工程部門裡的那些人只能對著無線電空著急，無法提供任何協助。

失控的飛機通過伊豆半島後進入駿河灣，繼續向燒津市方向飛去。這時高濱教官可能是想增加飛機的穩定性，將起落架放下。沒想到起落架由機身伸展出來後，不但沒有增加飛機的穩定性，反而使得「利用發動機推力差來控制飛機方向」的效果更加遲鈍！更慘的是，在沒有液壓的狀況下，飛行員雖然可以將起落架用緊急手續釋放下來，卻無法將起落架再度收回機身。所以從這一刻開始，控制飛機就更加困難了。

飛機不斷曲折前進

地面的航管人員在雷達幕上發現日航一二三班機並沒有遵照航管給出的指令轉向羽田機場，反而不斷以曲折的方式前進，於是再度詢問飛機的狀況。

「飛機不受控制……飛機不受控制……」高濱教官不斷重複著這句話。

知道飛機無法控制之後，航管人員也束手無策，只能不斷將羽田機場與飛機的相對位置報給那架飛機，並期望著奇蹟的出現。

位於羽田機場西北方四十公里的橫田空軍基地，是美國空軍駐在日本的一個基地，機場塔台上的美軍人員聽到了日航一二三班機與日本航管人員之間的通話之後，也用無線電通知那架失控的飛機，表示可以提供橫田機場的跑道給那架飛機緊急迫降。只是日航一二三班機並沒有回應這個訊息。

當時那架飛機已經飛越駿河灣，由燒津市附近進入陸地，它不尋常的飛行軌跡，及如落葉似的左右晃動情形，引起了一位在地面的業餘攝影師的注意，他拿起手邊的相機，對準那架飛機照了一張像，那張照片後來在失事調查的過程中成為一項非常重要的證物！

那架波音七四七幾乎像是漫遊般的飛入大無間山區。為了避免撞山，也為了若飛機再度進入俯衝時，能夠有多一點的反應空間，兩位飛行員將油門推上，使飛機開始爬高。這時飛航工程師也在高濱教官的指示下，將襟翼改用電力系統操控，這樣飛行員就多了一項可以操控飛機仰俯的工具。

人生如跑馬燈在眼前出現……

經過一開始的驚嚇之後，有些乘客已經平靜下來，並逐漸接受飛機已經蒙受重大故障的現實。有些人面對著那即將到來的結局，開始做後繼的安排。有一位五十二歲的川口浩先生相當冷靜的拿出紙筆，寫下了他對家人及生命的不捨。他在他的記事本裡寫著：「沒想到昨晚的晚餐竟是我們最後一次聚在一起……現在客艙裡充滿了因為爆炸而引起的煙霧……我們現在正在往下衝……我很難過，我想我是過不了這一關了，真不知道是為了什麼……上帝請幫助我……我再也不要搭飛機了……川口剛（按，他的長子），家裡以後要靠你了……大家要和睦相處，要孝順您們的母親……我的妻，想到這種事會發生，實在是很糟，再會了，請照顧孩子們……現在是六點三十分飛機正在急遽的下降……」他在記事本裡的最後一段話是這樣寫的：「我這輩子過得痛快，對此我實在感恩！」

相對川口浩的冷靜，另一位二十六歲的乘客白井真理子小姐就顯得非常的恐懼。她在飛機的時刻表單寫著：「我好怕，我好怕，我好怕！救命！我很難過，我不想死！」最後她在那張紙上寫下她家人的名字及電話號碼。

盡忠到最後一刻

另一位空服員津島由美子也在她的記事本上寫下了一些字，但是並不是像川口浩所寫的對家人最後的留言，或是像真理子寫著心中的感覺，而是寫著等到飛機迫降成功後，她將用日語及英語對乘客們發出哪些指示。她寫著：「不要驚慌，解開安全帶，不要帶任何行李，請聽我們的指揮……前面兩排客人，跳！跳！跳上滑梯……到地之後儘快的跑離飛機……脫下高跟鞋，不要帶任何行李……」無論她是什麼原因寫下這些字句，不管是因為她擔心在飛機迫降後她會緊張而忘記該說些什麼，或是她只想藉著寫下這些指示來讓她自己不要去想那顯然即將發生的悲劇，總之她在危急情況下所顯現的專業精神，讓後來所有看到記事簿上手寫指令的人都非常感動。

▤

飛機繼續在山區中毫無目標的飛著，飛行員僅能以本能的反應，來應付飛機給他們出的一道道難題。令人敬佩的是，他們僅憑著對油門及襟翼的控制，就讓飛機一次又一次的由不正常的動作中改出。即使在這樣困難的情況下，高濱教官仍然不時詢問航管人員羽田機場的方位，希望能有機會返場落地。

當天晚上六點五十六分，飛機又進入了一次新的俯衝。這次在飛機下面的是群馬縣的高天原山，標高六千餘呎。對於那架無法控制的飛機來說，這是極大的挑戰。當時飛機是以七十度的大角度向下俯衝，同時向右傾斜的角度也高達六十度，在這種狀況下，無疑的高濱及佐佐木兩人在駕駛艙內又是試圖將油門推上來躲過撞山的厄運，但是這一次他們加油門的緊急措施並未奏效，通話記錄器裡錄下了兩人最後嘶吼的聲音：「加油門！帶機頭！」恰好飛機電腦也在那時發出同樣警告：「拉高！拉高！」所有的努力都沒能將飛機帶起，一秒鐘之後飛機就撞在山嶺上！五百餘位急於返鄉的人頓時成為高天原山上的遊魂！

竟然拒絕了第一時間的搶救！?

飛機在雷達幕上消失之後，所有的人都知道不可避免的結局已經來到。美國空軍在橫田的指揮官立刻將一架正在附近的美軍C130運輸機轉用，命令該機飛往日航一二三班機最後失去聯絡的地方去查看。

第一二三班機撞山時，機翼中尚有許多餘油，因此飛機撞毀之後也在山林中引起了一片大火。美軍的C130就藉著山中的一縷黑煙，在飛機撞山後二十分鐘發現了墜機地點，並立刻將地點報給日本的航管人員。

橫田基地的美軍得到消息後，也立刻派出一架UH1H直升機，帶著海軍陸戰隊的急救人員飛往現場，希望在日落之前、尚有天光的情況下在墜機地點展開搜索，看看有沒有任何生還人員。

直升機飛到現場之後，發現當地的地形險惡，不適於直升機落地，於是決定放下繩索，讓陸戰隊的隊員藉著繩索落到地面。然而，就在第一位隊員要由直升機垂降到失事現場時，直升機的飛行員接到命令，要他立刻終止任務並飛返基地，因為日本方面認為讓美軍部隊在日本營救單位尚未抵達現場之前，就開始執行營救的任務是不適合的，而且那種營救事宜理該由日本自衛隊來擔任，所以要求美軍由現場撤出。美軍直升機的飛行員雖然覺得急救該不分國籍，誰先到就立刻開始搶救，但是在軍令如山的狀況下，直升機也只好掉頭返回橫田基地。

日後在檢討這起失事案件時，日本的社會輿論對於美軍撤離的事非常不滿，日方竟沒有任何人出面對那件事負起責任，而失事調查委員會也無法查明是哪一個人下令讓美軍撤離。

天黑了，有人能生還嗎？

等到日本航空自衛隊的直升機飛到失事現場上空時，天色已晚，由空中根本看不清地面的情況。直升機飛了幾圈之後，機上的觀察員報告墜機現場沒有任何人生還的跡象。根據這個報告，日本自衛隊的官員認為就算當天由地面趕到失事現場也沒有任何意義，於是下令地面的搶救部隊在距失事地點六十公里處紮營，待第二天天亮之後再出發前往。

其實，不但有人躲過這一劫，生還的人還不只一位！

起飛前最後一刻被候補上機的休假空姐落合由美，就在這場大難中僥倖的存活下來。她的骨盆及手臂都在墜機的撞擊中受到重傷，而她又被擠在兩排座位當中，所以她在救護人員第二天上午到達現場之前，完全無法移動。她雖然不能走動，但是她卻聽到不少人呼叫求救的聲音，據她表示在飛機撞山後，她最少聽到有十多人呼叫的聲音，然而經過十多小時之後，那些呼救的聲音逐漸消失。

第一波救護人員在第二天上午抵達現場時，在他們眼前陳列的是摔成碎片的七四七客機，及五百二十具支離破碎的屍體，雖然他們已經有了心理準備，但是一旦見到那麼多的屍塊呈現在眼前，大多數的人還是無法適應。不過，最讓他們驚訝的是在那些殘骸與屍塊當中，他們竟找到了四位奄奄一息的生還者！

四位生還者全是坐在飛機最後幾排的乘客。除了落合由美之外，其餘的三位生還者也全是女性，她們分別是：吉崎博子及她八歲的女兒吉崎美紀子，以及一位十二歲的小女孩川上慶子。川上慶子是與她的父母及妹妹一同搭機，但是家人們都在墜機中罹難。

這件失事因為死亡的人數太多，不但震驚了日本社會，更在世界各地的報章雜誌上佔了頭條。民航界都想要知道失事的原因，一般大眾更想瞭解是哪個環節出了錯，才導致那架七四七客機墜毀。畢竟七四七客機是全球相當普遍的廣體客機，大家都不希望同樣的事故在自己搭七四七型飛機時再度發生。

一波三折的調查

美國國家交通安全委員會、聯邦航空總署及波音飛機公司在飛機失事後第一時間就成立了專案小組，想儘快飛到日本去協助失事調查。尤其波音公司更是積極，分別組成兩個團隊，一個加入國家交通安全委員會的小組，另一個是預備直接支援日本航空公司（它是波音公司的大客戶）。

但這次空難與美國國內所發生的空難不一樣：這是一家日本的航空公司，在日本境內發生的空難。雖然那架飛機的製造商是美國的，但按照地緣的關係，所有的調查權全在日本政府手上。如果日本政府不尋求美國的協助，那麼美國所組成的小組是無法參與調查的。

日本政府在剛開始時的時候也正是持著這種態度，他們認為自己就有足夠的專業人士可以應付、處理這件失事調查的重任。美國國家交通安全委員會也知道，自己雖是美國政府的機構，但是波音七四七卻在全球空運界廣泛運用，牽涉更廣泛的公共利益；對全球航空界來說，找出這架飛機失事的原因，實在相當重要。所以國家交通安全委員會乾脆籲請美國國務院與日本的外務省就這件事進行溝通。最後，日本總算同意了美國國家交通安全委員會、聯邦航空總署、波音飛機公司等三個機構以觀察員的身分加入失事調查。

飛機洩壓到底是什麼原因

失事班機上的飛航工程師福田在與公司的工程部門聯絡中曾表示，飛機右五號門警告燈亮起；而四位生還者之一的空服員落合由美也表示，她聽到爆炸聲之後，氧氣面罩隨即由天花板上落下。這一切都指向「五號門在飛行中開啟，而導致機艙洩壓」這個方向。

調查人員都記得一九七四年在巴黎附近的一樁類似空難。當時土耳其航空公司一架

DC10因未關妥貨艙門，引起了猛暴性洩壓，最後導致三百餘人罹難。所以一開始調查人員都認定右五號機門在空中開啟是導致飛機洩壓及失事的起因。

很快的，調查人員就在飛機殘骸中發現了右五號機門。它還完整的嵌在門框中，安全鎖栓完全沒有開啟的跡象，這代表艙壓並不是由右五號門處外洩的！

證據出現

既然五號機門不是原因，調查人員正愁著該由哪方面去尋找機身洩壓的源頭時，那位在燒津市附近攝得失事飛機照片的業餘攝影師，將他所照的那張照片交給了有關當局。當調查人員看到照片時，幾乎不敢相信自己的眼睛！照片雖然不是很清楚，卻很容易就讓人看出來：那架飛機大部分的垂直尾翼及方向舵已經不在飛機上了。

這真是個大發現，如果飛機的垂直尾翼真是在飛行中脫落，那麼不但會危害飛行中的穩定與控制，更會因為尾部失去垂直尾翼而嚴重影響飛機的平衡。

那張照片是在飛機剛飛越駿河灣、由燒津市附近進入陸地時所拍攝的，所以調查人員覺得脫落的垂直尾翼應該就掉落在駿河灣，所以立刻開始在駿河灣尋找任何由飛機上所掉下來的碎片。

一面在海灣中尋找飛機碎片及垂直尾翼的同時，調查人員也將飛機在山區墜毀的殘骸搬回日航在東京西邊調布機場的一個棚廠。在那裡他們將殘骸重組，希望從這一大堆支離破碎的鋁片、電線與管路之間，找出這起失事的蛛絲馬跡。

原因找到了

不久之後，飛機的垂直尾翼就在駿河灣尋獲，被送到東京與飛機其他的殘骸拼湊在一起。調查人員立即就發現整個事由的起因：位於機尾的壓力艙隔艙壁破裂，使得機艙內的高壓空氣由破裂處竄出（當時隔艙壁的內、外空氣壓力差是每平方英吋八點六磅），衝進垂直尾翼的內部。

日航第123次班機：悲劇的原因

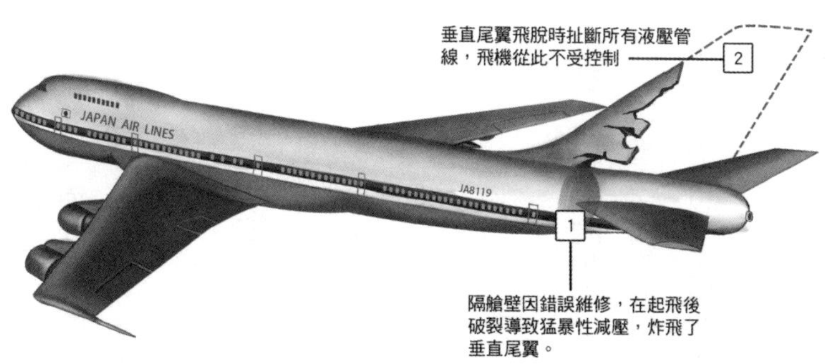
垂直尾翼飛脫時扯斷所有液壓管線，飛機從此不受控制
2
JAPAN AIR LINES
JA8119
1
隔艙壁因錯誤維修，在起飛後破裂導致猛暴性減壓，炸飛了垂直尾翼。

資料來源：美國FAA

在設計上，垂直尾翼無法承受那麼大的內外壓力差，所以當這股高壓空氣衝進垂直尾翼內部後，垂直尾翼就爆破飛脫了（就像氣球在過度的壓力下爆破一樣）。而在爆破的同時，位於垂直尾翼內部負責掣動方向舵的液壓管路也全被扯斷，導致所有的液壓油全由斷裂處流失，這就是那架飛機無法控制的主因。

在知道整個失事起因是機尾的壓力艙隔艙壁破裂之後，調查人員就開始研究那個隔艙壁為什麼會破裂。波音公司的代表尤其想知道原因，因為全世界還有一千餘架波音七四七在飛行，如果發生在這架飛機上的狀況會在其它飛機上重現的話，那麼波音要儘早通知所有使用這型飛機的航空公司，要他們防止悲劇產生。

老舊裂痕，說出七年前的秘密……

調查人員在檢查那塊破裂的隔艙壁時，發現了一條老舊的裂痕，而裂痕的起點是一塊金屬的墊片，調查人員很好奇為什麼在那塊隔艙壁上會有一塊墊片，於是再仔細的去檢視失事飛機的維修記事簿。結果他們不但發現了當初為什麼會有那塊墊片，更發現了這場空難的真正起因是在七年之前就種下的！

原來在一九七八年，這架飛機有一次在大阪落地時，因為仰角過高，導致機尾觸地（亦即tail strike），並在跑道上摩擦了一陣子。那次意外不但造成機尾底部相當嚴重的損傷，更讓機尾內部圓形隔艙壁的下半部也受到相當的損害。

日本航空公司在檢視飛機受傷的情形後，決定將修補的工程包給波音公司執行。他們認為波音公司是七四七型飛機的製造廠商，不但有能力、同時也該有相當的經驗可以勝任這個修補任務。

波音公司執行修補工程時，將圓形隔艙壁受損的下半部分拆下，換了一個新的裝上。但就在安裝新的隔艙壁下半部時，技工犯了一個錯誤：他將上、下兩部分用鉚釘接在一起的時候，有部分的鉚釘沒有按照規定，保持與周邊的安全間隙。品管人員在檢查時發現了這個缺點，並記在維修的記事簿裡。工程師當時針對這個缺點，在記事簿上寫下了改進的指令：將原來那些不合規定的鉚釘拆下，然後在上、下兩部分接頭之間加裝上一片墊片，再用鉚釘將它們固定住。

從維修到品保到六次定檢都沒發現？

然而在執行這項改正的步驟時，技工們又犯了一個更嚴重的錯誤，而品管當時竟然沒有發現這個錯誤！更離譜的是，在那之後六次的C級週檢（每三千小時一次的週檢）時，所有的品管人員也都沒有發現這個錯誤！

這個錯誤一直到飛機墜毀之後，調查人員將飛機殘骸重組時，才被發現，只是這時五百餘條人命已經因為這個錯誤而消失！

原來工程師所指定的作法是將「一片」墊片插進上、下兩片隔艙壁之間，再用鉚釘將它們接在一起。但不知為何，技工自作主張將那一片墊片切成兩片。這樣使原來有兩排鉚釘將上、下兩部分接上的設計，變成了只有一排鉚釘承擔所有的應力。**而這「兩排」與「一排」所能承受應力的區別，並不是一百分與五十分之間的區別。調查小組裡的工程師計算了一**

正確的維修方式：墊片不可分割

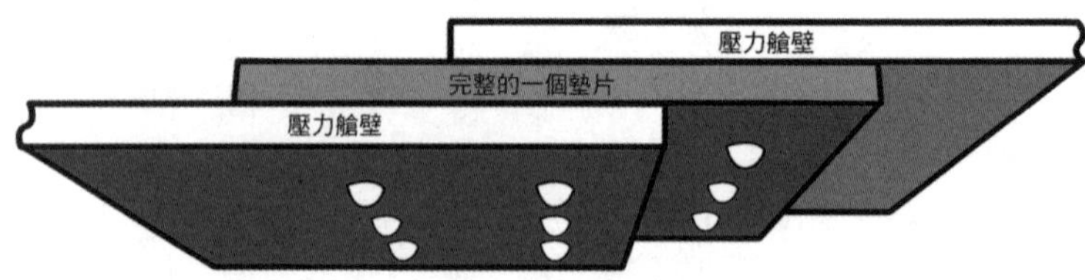

錯誤的維修方式：墊片一分為二

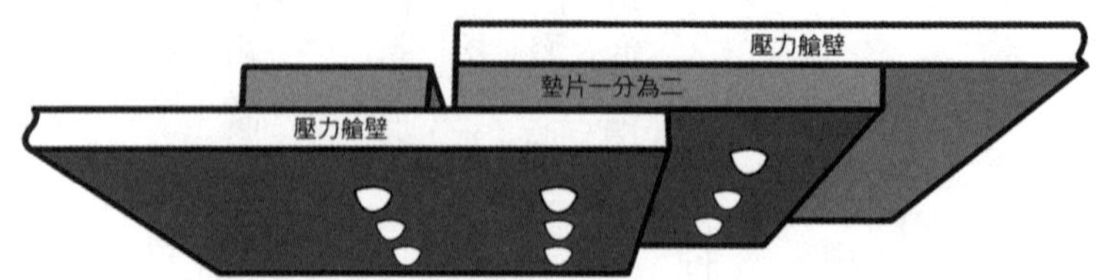

下，那「一排」鉚釘所能承受的應力，僅是「兩排」鉚釘所能承受的百分之三十左右！

飛機修好之後又重回藍天，執行客運勤務。只是每起飛、落地一趟，墊片就會受到一次加壓與減壓的應力，而每一次應力都會造成那塊墊片的金屬疲勞。經年累月的起飛與落地之後，那塊墊片先是產生裂痕，然後在繼續的飛行下，裂痕逐漸伸延，終於到了八月十二日那天，裂痕爆破！

事情真相大白之後，日本社會群情憤慨。雖然維修錯誤是由波音公司造成，波音公司也公開承認錯誤，但日本民間卻一直謠傳著波音公司出面扛下這個責任其實是為了保護日航這個大客戶，因為即使是波音公司所承包的修護工程出了紕漏，日航在驗收及後繼的幾次C級週檢時，也該找出這個失誤。在輿論攻擊下，日航總裁高木養根黯然辭職以示負責。

而當初波音公司完成修補工程後，負責檢查那架飛機並發給適航證書的日本交通部工程師田島勤及日航工程部經理富永博夫兩人先後為此事自殺。他們成為那架飛機墜毀後的最後兩名罹難者！

飛機的設計從此改變

為了防止同樣的意外再度發生，波音公司對波音七四七做了一些設計上的修改。工程師在垂直尾翼上裝了一個洩壓門，如果日後再有相似的狀況發生，高壓的空氣由尾隔艙壁衝到垂直尾翼時，會由洩壓門外洩，而不會讓垂直尾翼受到影響。

另外，波音的工程師們也在波音七四七的液壓系統上加裝了一個保險裝置，當液壓系統管路斷裂而造成液壓油大量快速流失時，液壓系統會自動將斷裂的管路堵住，避免所有液壓油流失。

然而，工程師們可以根據人為失誤造成的失事案件，對機件部分做些修改，使下一次「人」再犯同樣的錯誤時，不致於導致飛機再度失事。相形之下人為的過失是比較難控制的，日航第一二三次班機的意外事件起因不是設計上的問題，而是維修技工沒有遵守既定的維修程序。這種不按照維修程序的錯誤以前有人犯過，日後也一定有人會再犯。

因為，就像在本文開頭時所說的：人是經常會犯錯的！

第8章

未按標準程序作業

美國航空（American Airlines）191航班基本資料

日期時間	1979.05.25
機型	DC-10-10
航班代號	AA 191
地點	芝加哥歐海爾國際機場
機上人數 （乘客+組員）	258 + 13
死亡人數 （乘客+組員+地面人員）	258 + 13 + 2

美航191班機的最後時刻

14:55:31 【機長】我們可以走了……
14:55:37 【美航地勤與座艙通話】鬆開煞車。
14:56:00 【機長呼叫】美利堅191請求從K5門後推。
14:56:00 【機坪管制】美利堅191,可以後推。
14:57:13 【美航地勤】注意正前方訊號,飛行愉快!
14:57:17 【駕駛艙】掰掰!
14:57:47 【機長】二號引擎我讀不到燃油……不知是怎樣……
14:58:01 【機長】可以滑行了!
14:58:05 【機長】美利堅重型191正在滑行。
14:58:21 【地面管制】Ok美利堅191重型,持續收聽地面管制頻道……
14:58:53 【地面管制】美利堅191重型,32右跑道。
14:58:57 【機長】32右跑道,美利堅191。
15:00:37 【機長】我們好像超重兩千磅,一定是有些……
15:00:41 【副駕駛】好像經濟艙還有空位。
15:00:48 【副駕駛】數據還不錯。
15:00:51 【飛航工程師】好,液壓系統……燃油……輔助動力系統……安全帶……
15:01:21 【塔台】美利堅191重型,32右跑道先暫停,等飛機從9L降落。
15:01:25 【機長複誦】就位後暫停,美利堅191。
15:02:30 【機艙內廣播】組員請就座,我們即將起飛。
15:02:38 【塔台】美利堅191右轉航向330允許從32右跑道起飛,不要遲延。
15:02:45 【機長】美利堅191出發了。
15:03:29 【機長】V1!
15:03:31 【機長】帶機頭!

15：03：31　（傳來滴答一聲）
15：03：37　【副駕駛】幹！
15：03：37　（機艙內大量噪音）
15：03：38　（錄音停止）

內容取自座艙通話紀錄器的錄音抄本，內容並非完整，有時僅為描述現場氛圍。用詞非專業航空術語。時間皆為當地時間。

乘客群像

一九七九年五月二十五日適逢星期五，也是美國國殤日長週末前的星期五，所以由中午開始，芝加哥歐海爾國際機場就湧進了一批預備開始提前度假的遊客。其中包括電影明星林西·韋格娜（Lindsay Wagner）及她的母親、花花公子雜誌總編輯邵登·魏斯（Sheldon Wax）夫婦等，他們都是預定搭乘美國航空公司第一九一次班機前往洛杉磯。林西剛在芝加哥完成了外景拍攝，要返回洛杉磯的家，而邵登夫婦則是要到洛杉磯去參加書展。

另一位也要搭乘美航一九一班機的客人叫里奧·斯多爵（Leo Stogel）。他不是名人，但他卻與美國航空公司有著一段相當不愉快的關係：十七年前有一架由紐約到洛杉磯的美航班機，起飛後不久即墜入牙買加灣，全機客人全數罹難，包含他的親生父母。雖然他與美航之間有著這樣不凡的關係，但他覺得一棟房子不可能被雷擊中兩次，所以日後搭飛機時盡可能搭美航班機。

候機室裡還有一位在羅徹斯特大學醫學院任教的華裔人士林樹人（音譯，Shu-Ren Lin MD）醫生，他是放射科的權威，當天預備搭乘這架飛機前往洛杉磯，在那裡換機前往東京參加第九屆國際腦部血流及代謝科研討會。

候機室的一個角落裡有一對男女朋友在殷殷話別，那是瑞·迪維多（Ray Divito）及他的女友黛柏粒・莫茹姬（Debra Moruzi）。迪維多是機械工人，當天送他女友和她的友人搭機前往洛杉磯，她們將在洛杉磯轉機前往夏威夷度假。一九七〇年代的機場安檢和今日不一樣，送行友人可以陪著旅客到登機門口，所以迪維多就在候機室一直陪著莫茹姬聊天，等候登機。

女星林西在美航櫃檯報到後被引進貴賓室休息。但她卻突然覺得心浮氣躁，一開始以為是連續幾晚拍戲太累的緣故，所以她向服務生要了杯雞尾酒，想壓抑心底浮躁的情緒。

空勤組員

林西正在貴賓室休息之際，美航一九一班機的兩位駕駛員進入航務中心，查詢航路沿途的氣候。五十三歲的機長華特・勒克斯（Walter Lux）是有著兩萬兩千五百小時飛行經驗的老手，在麥道公司（McDonnell Douglas）生產的DC10三引擎廣體客機剛進入市場時，他是第一批取得DC10機長資格的飛行員，執勤一九一班機的當天已有三千多小時的DC10飛行經驗。說他名列全世界最有經驗的DC10機長也不為過。

勒克斯當天上午才由鳳凰城飛到芝加哥。他家在鳳凰城，又在芝加哥湖邊買了一幢別墅，本打算在湖濱別墅與兒子共渡國殤日假日長週末，沒想到剛在芝加哥下飛機就碰到一位老同事。老同事原本負責當天下午駕駛一九一班機由芝加哥飛往洛杉磯，只是臨時碰到家中有事，所以就到機艙門口去等勒克斯，請求勒克斯幫忙替他執飛一九一航班。勒克斯機長禁不住老同事苦苦哀求，只好同意代替他飛這趟航班。

副駕駛詹姆士・迪勒（James Dillard）則是原本就排在一九一航班的副駕駛。四十九歲的他，兩年前才通過鑑定成為DC10副駕駛，當時在這型飛機的飛行時間已超過一千小時，總飛行時數也有九千兩百多小時，是一位相當有經驗的飛行員。

當天另外一位組員、飛航工程師奧夫瑞德・尤督維琪（Alfred Udovich）是整組人員裡年紀最長的，再過四年他就到達飛航人員六十歲強迫退休的年紀，這也代表他在飛航方面的經驗豐富。他在兩位駕駛員前去航務中心查詢天氣的時候，走到停機坪去對一九一航班所使用的飛機做三百六十度環繞目視檢查。在當天上午，他才跟著這架飛機由鳳凰城飛到芝加哥，一路上飛機運轉正常，沒有發生任何狀況。即使如此，他還是很盡責的在起飛前按照規定做一次目視檢查。

執飛美航一九一班次的飛機，是麥道公司出產的DC10廣體客機。當初波音公司在一九六零年代中期開始研發波音七四七廣體客機之際，麥道也開始設計DC10。這兩種飛機都稱作廣體客機，然而DC10與波音七四七最顯著的不同，就是DC10只有三具噴射引擎，而波音七四七則在兩翼之下共有四具引擎。

這一具引擎之差，代表這兩種飛機在營運費用上的顯著差距。麥道公司就以這個優勢做為賣點，與波音公司搶食航空客運市場的廣體客機大餅。兩家公司早年各自推出波音七〇七與DC8兩種商品而引起激烈競爭，這下又把商業戰火延續到廣體客機的市場。

命運天註定

航廈的擴音器廣播呼叫美航第一九一次班機即將開始登機。這時女星林西的躁鬱心情已經到無法忍受的地步，她看著窗外那架巨型三引擎客機，只覺得一陣陣的壓力向她襲來。終於，她決定不要搭那班飛機回洛杉磯了！她走到貴賓室服務台要求退票。她所持有的是頭等艙全額票，可以隨時更換搭機日期，也可隨時退票，所以服務人員立刻替她辦理手續。她退了票、走出機場大廈之後，那股莫名的浮躁情緒就像來的突然一樣，立刻消失的無影無蹤。

全機的旅客開始在登機口排隊，機械工人迪維多與女友吻別，約好一星期後他會在同一地點迎接她返回芝加哥。在看著女友登機之後，迪維多就走到登機口外面的觀景台，要在那裡看著女友搭乘的班機起飛。

林樹人醫師隨著所有的旅客依序登機，他的座位是在飛機左邊翅膀稍後靠窗的位置，在那裡可以由窗口清楚看到左發動機。

所有旅客登機後，那架廣體的DC10客機由芝加哥歐海爾國際機場K5登機門後推，在地面管制的指示下滑向右32號跑道。

美航早年的機體沒有塗裝，呈現亮銀金屬色，迪維多在觀景台上看著那架閃閃發光的飛機滑向跑道之際，心中不由自主的讚嘆著，真是一架漂亮的飛機！

加速朝向結局衝去

當天天氣很好，能見度十五哩，有二十度方向的二十哩側風。飛機滑向跑道時，勒克斯機長決定讓副駕駛迪勒擔任起飛及飛行的任務，他本人負責與外界聯絡，並在起飛時注意儀錶。

下午三點零一分，塔台許可美航一九一班機起飛。

「塔台，美航一九一，我們走了！」勒克斯機長對塔台說。

那架DC10在跑道上加速向前衝，這時美國航空公司一位維修部門領班羅勃．格瑞翰（Robert Graham）正開著車子要橫越右32號跑道，塔台叫他等待自己公司的DC10起飛後再通過，於是他就將車子停在跑道與滑行道交會處等待。

格瑞翰從車子裡注視著那架在跑道上越來越快的DC10，突然看見飛機左翼上出現反常現象：一號發動機派龍與機翼交接處有一縷像是蒸汽、又像白煙的氣體正在向外洩出。他知道那個地方不應該出現任何外漏的氣體，於是他盯著發動機看，想將漏氣的地方看清楚。

正當他全神貫注觀察著該機左翼下的發動機之時，他發現那具發動機連同派龍竟然開始在機翼下劇烈的上下抖動。這不但是個反常的現象，而且是個很危險的狀況，格瑞翰決定等到飛機通過他正前方的時候，努力記下這架飛機的編號，然後用車子裡的無線電通知修理部門，請他們叫那架飛機儘快返回機場落地檢查。

駕駛驚呼：幹！

然而就在飛機即將通過他前面時，格瑞翰吃驚的看到那具發動機竟然由機翼下先是鬆脫，然後整具發動機朝上衝，隨即翻了個身由左翼上方飛過，落在跑道上。

格瑞翰不敢相信在他眼前所發生的事，他大叫了一聲：「天哪！」然後就在他驚慌的注視下，那架飛機在他前面離地升空了。

其實在駕駛艙裡的空勤組員全都沒發現一號發動機已經由機翼上脫落，因為從駕駛艙的窗戶根本無法看到機翼及發動機；而且由於這種狀況太罕見了，所以儀錶板上也沒有任何儀錶會顯示發動機由機翼上「脫落」，只會顯示一號發動機「動力消失」。

事後根據黑盒子及通話記錄器的資料顯示，飛機在發動機脫落前幾秒鐘的速度剛剛達到V1，通話記錄裡可以清楚的聽到勒克斯機長報出V1的聲音，瞬間之後再度傳出他發出「帶機頭（Rotate）」的指令，黑盒子的飛航記錄器上記錄著飛機的升降舵在那時開始移動到起飛的位置，飛機的機鼻也在那時開始離地升起。就在那時，通話記錄器裡錄下了副駕駛喊出來的一聲驚呼：「幹！」之後錄音機就停止運轉了。那是因為通話記錄器的電源是由一號發動機所提供，發動機由機翼上脫落之後，通話記錄器的電源隨之中斷。

在塔台上的管制員也看到了那具發動機由一九一次班機上脫落，簡直難以置信，他先是驚慌大叫：「你看！天哪！他的一個發動機炸飛了！救援車輛……我們要救援車輛……他的一個發動機炸了！」

幾秒鐘後管制員恢復了鎮定，開始呼叫美航一九一次班機：「美航一九一，你要回來落地嗎？你想要落哪一條跑道？」

一九一次班機沒有任何回應。管制員不知道的是，在那個當下，一九一班次駕駛艙裡的飛航組員正在與死神做最後的搏鬥！

在觀景台上看著那架飛機起飛的迪維多，先看見好像有什麼東西從飛機上掉落在跑道上，雖然他不知道掉的是什麼，但一股不安的情緒在他心中醞釀。他繼續緊盯那架飛機，看著它離地，看著它平穩的爬高，然後就在他以為一切都沒問題之際，那架飛機的左翼開始下垂，機頭也開始向下。就在那時迪維多發現：左翼下的發動機不見了！

迪維多的心隨著那架飛機下沉，他幾乎沒辦法站穩，「原來飛機在跑道上掉下來的東西是發動機！」他想著。

飛機繼續向左翻轉，沒多久飛機的雙翼就與地面呈九十度角，所有看到飛機那個狀況的人都覺得已是在劫難逃了，飛機即將墜毀。

觀景台上其他人也都看到了這驚人的一幕，其中一位拿著照相機的人即時將飛機的最後身影拍了下來。接著就在大家的驚叫聲中，巨大的廣體客機撞在跑道盡頭四千餘呎的地方，一聲巨大的爆炸聲隨著一陣橘紅色的火焰直衝上半空中。

迪維多看著那團火焰，想著他心愛的女友就在火焰之下，他腦子裡一片空白，只想著趕快衝過去將他女友從火焰中搶救出來。他轉身衝下觀景台，對著墜機的地點拔腿狂奔，爬過機場欄杆，跳過圍牆，衝過停機坪，直對著那團火跑。他心中只想著幾分鐘前還與他吻別的女友，如今正困陷在高溫烈火之下，他必須儘快將她拖出來。

迪維多衝到墜機現場附近時，被一股熊熊火焰所捲起的熱流阻擋而無法靠近，他只能無助地哭嚎，看著支離破碎的飛機殘骸正包圍在烈火之下。他知道在那種巨大的撞擊下沒有人能倖免，十餘分鐘之前還是活生生的人，如今在他眼裡只是一片灰燼！生與死之間的距離就是一線之隔，但迪維多站在線的這邊，卻無法接觸到已經橫跨那條線的女友！

這場空難造成兩百七十三人罹難，包括飛機上的二百五十八位乘客、十位空服人員、三位駕駛艙內的飛行組員及在地面遇難的兩位人員，這是到目前為止在美國本土最嚴重的一場空難事件。

為什麼發動機會掉下來？

美航一九一班機墜毀的十五分鐘之內，國家交通安全委員會就收到通報，立刻組成一個調查小組，當天就由華盛頓趕到芝加哥，著手調查這個可怕的失事案件。

根據多位目擊者的證詞及躺在跑道上的那具發動機，這起空難最明顯的原因就是飛機的一號發動機在起飛過程中脫落。但是，調查員想知道的卻是為什麼那具發動機會由機翼下脫落，及為什麼在一具發動機脫落後，飛機竟然會墜毀。根據飛機公司的設計，三引擎的DC10不但可以只靠兩具發動機維持飛行，更可以在起飛時只靠著兩具發動機爬高，所以調查員想瞭解到底是飛機公司的設計錯誤，或是在飛機失去一具發動機後，驚慌的飛行員操作錯誤導致飛機墜毀。

失事調查小組成員在失事當天傍晚抵達現場，兵分二路展開工作：一部分人去跑道上檢查脫落的發動機，另一部分人則到墜機現場去檢視飛機的殘骸。

在跑道上檢視脫落發動機的檢查員找到一枚斷掉的螺栓。這枚螺栓應該裝置在發動機派龍後方隔板（Bulkhead）上，負責將派龍與機翼骨架拴緊。檢查員當時認為，那枚螺栓早先已經斷掉，斷掉之後使派龍前方隔板上所承受的扭力加大，導致前方隔板上的兩枚螺栓也相繼被巨大的扭力扯斷。派龍原本是被三枚螺栓固定在機翼下，等這三枚螺絲都相繼扯斷，整個發動機就由機翼脫落。這個理論在當時看起來合情合理，所以失事調查小組在幾天後就宣佈他們已經找到發動機脫落的元凶了，並在記者會上展示那枚斷落的螺栓。

雖然調查小組已經對外做了如此的宣佈，調查小組中的一位金屬專家麥克·馬克思（Michael Marx）卻不這麼認為。他仔細檢查過那枚螺栓之後，發現螺栓的斷裂處相當平整，斷裂處也很新，並不是老舊的裂痕，因此他覺得那枚螺栓是在這次意外中折斷的，而不是意外之前折斷的。簡單的說就是：**折斷的螺栓是結果，而不是起因！**

馬克思雖然如此認為，但他必須有更強有力的證據來證明自己的論點。於是他開始追查失事飛機的所有維修資料，希望能由維修檔案中找出蛛絲馬跡。

沒有遵照維修程序

結果他不必花太多的時間就找到一個相當明顯的線索：那架飛機在失事前八個星期曾經做過維修，維修時把一號發動機由機翼上卸下，維修過後再重新裝回機翼上。而就在發動機拆卸、重裝的過程中，美航並沒有按照製造商麥道公司所建議的維修程序來進行。

根據麥道公司所提供的發動機維修程序，發動機必須先由派龍上卸下，然後再將派龍由機翼上卸下。但馬克思卻發現美國航空公司的維修部門自己發展出一套「省時」的辦法，就是將發動機與派龍當成一個單元，一次就將發動機與派龍同時

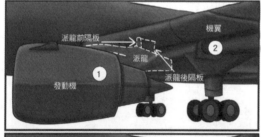

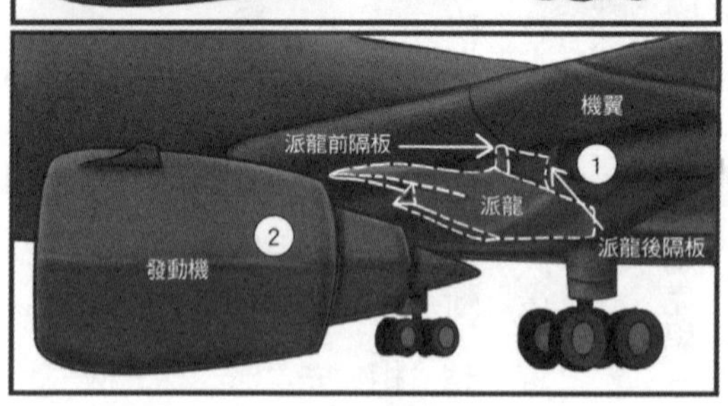

錯誤組裝方式

1先把發動機裝在派龍上。
2再把連著引擎的派龍，裝到機翼上。

正確組裝方式

1先把派龍安裝在機翼上。
2再把發動機裝在派龍上。

由機翼上卸下。根據美國航空公司維修部門的說法，這套新的程序替公司節省了百餘小時的工時。

這套「省時」的程序，看在馬克思眼裡卻是殺死兩百七十三人的元凶！

美國航空公司這套「省時」維修程序是將發動機及派龍的整個單元裝在一個貨物托盤上，然後由技工在一旁引導堆高機的操作員，用堆高機將托盤緩緩抬起，使發動機派龍上的前後兩個隔板與機翼上兩個吊掛點對準，然後裝上螺栓並鎖緊，就功德圓滿。

聽起來這是相當容易的步驟，但在現實環境裡並沒有那麼簡單，因為機翼上的吊掛點是固定的，**所以派龍上的前、後兩個隔板必須在一個『恰好的位置』，才能精確地將前隔板上的兩個螺栓洞與後隔板上的一個螺栓洞，和吊掛點上的三個螺栓洞同時對齊**。但是要用堆高機將派龍上的兩個隔板放在「恰好」的精確位置，非常不容易，而如果僅有一個或兩個洞可以對齊時，技工勢必要用其它方法試著去將另外的幾個洞口對正。這其它的方法可能就包括使用蠻力，且運用蠻力的過程就會讓螺栓或隔板受到不該承受的應力。

有了這個發現之後，馬克思再回頭到飛機殘骸處去尋找一號發動機派龍上的前後兩個隔板，結果，果不如其然的讓他在派龍的後隔板上發現了陳舊的裂痕！

馬克思根據這些證據，寫出了一號發動機為何會在那天起飛時脫落的原因：

- 一號發動機派龍的後隔板在八星期前進行維修時，因為程序不對而承受到了超限的應力，導致後隔板上發生裂痕。
- 此後的八個星期當中，每次飛行在發動機的巨大推力下都會讓裂痕擴大。
- 最後到了五月二十五日，飛機起飛時發動機所產生的四萬餘磅推力，終於將那塊後隔板扯斷。
- 後隔板扯斷之後，後隔板與機翼吊掛點之間的螺栓也隨即被拉斷，此時整具發動機僅靠著前隔板上的兩枚螺栓吊掛在機翼下面。
- 而那兩枚螺栓及前隔板卻無法承受四萬餘磅的力量，於是在那巨大的推力之下，發動機以那兩枚螺栓的吊掛點為圓心，以順時鐘方向，朝著前方、上方衝去。
- 發動機在前衝的過程中，把派龍上的前隔板扯斷，同時將派龍與機翼間的蒙皮及附近的液壓管路撕裂，發動機及派龍隨即由機翼上方飛脫！

這場意外能避免嗎？

根據馬克思所呈現的證據及他所述說的經過，發動機由機翼上脫落的過程真相大白。在知道這個原因之後，下一個問題就是：這架三引擎客機在設計上可以靠著兩具發動機飛行，為什麼在一具發動機脫落之後，竟然會墜毀？

通常在飛機失事調查時，黑盒子及通話記錄器是兩項協助調查的利器，因為通話記錄器提供了飛機失事前飛航組員在駕駛艙內的對話內容，由這份資料調查員可以瞭解飛航組員在最後三十分鐘內做了什麼處置。而黑盒子則可以提供飛機失事前的各種數據如空速、姿態、發動機及各種不同系統的資訊。調查員根據這些資料，就能瞭解飛機在墜毀前的狀況及飛行員在那些狀況下做了哪些處置。

調查員在失事當天就在殘骸中找到了黑盒子及通話記錄器，兩個儀器雖然在墜毀時受到巨大的撞擊及大火高溫的摧殘，外觀及內部零件均已破損不堪，但經過國家交通安全委員會的專家小心還原後，其內的資料就在調查員前重現。

調查員們聆聽駕駛艙內的錄音帶時失望的發現，錄音機竟然在飛機離地的那一瞬間停止錄音，所錄到的最後一句話就是副駕駛所說的那句「幹！」停止錄音的原因很簡單：通話記錄器的電源是由一號發動機提供，一號發動機脫落之後，錄音機就因失去電力而停止錄音。

在沒有通話記錄的狀況下，調查員只能根據黑盒子中的資料來研判飛機最後的五十餘秒中，飛航組員在座艙中做了什麼事情。

調查員發現，通話記錄器因為失去電源而失效的同時，正駕駛的儀錶板、失速警告器及翼前緣襟翼不對稱警告燈也在同時失效。理由還是一樣：那些儀錶的電源都是由一號發動機所提供。

正駕駛的儀錶板上所有儀錶失效雖然是個問題，但不是大問題，因為副駕駛的儀錶板電力是由三號發電機所提供，所以副駕駛前面的儀錶仍然有效，而且那時是由副駕駛在操縱飛機，所以正駕駛前面的儀錶失效所引起的問題並不是很大。

但是，失速警告器及翼前緣不對稱警告燈這兩個儀器失效就是個大問題了：這兩個儀器都在正駕駛那邊，副駕駛儀錶板上並沒有備份。而最後飛機失事的原因之一，就是因為座艙裡所有的組員都沒有人知道左翼外側的翼前緣襟翼已經因為液壓油的外洩而收回，右翼的翼前緣襟翼卻沒有收回，左右兩個翅膀的翼前緣襟翼不對稱，繼而導致左翼失速。

換句話說，**正駕駛眼前的儀器已經失效，無法告訴組員「翼前緣襟翼不對稱」，而副駕駛的儀器又不能告訴他這個情形。假設駕駛艙裡的組員有辦法瞭解這種情況的話，這場悲劇很可能是可以避免的**。

起飛之前，飛航組員根據當天飛機的三十七萬九千磅總重量，計算出起飛的V1速度是一百卅九浬，帶機頭的速度該是一百四十五浬，一具發動機失效時的安全爬升速度（V2）

是一百五十三浬。根據黑盒子的資料，正駕駛在飛機達到上述速度時，叫出「V1」及「帶機頭」的指令，副駕駛在一百四十五浬空速時拉回駕駛桿，然後飛機在空速一百五十九浬的時候離地。如果一號發動機早幾秒鐘在達到V1之前脫落的話，這次失事也可以避免。

飛行員並無過失

事實上，一號發動機就是在飛機達到「帶機頭」速度之後脫落，那就是副駕駛喊出「幹！」的原因。而也在那個時候，正駕駛前面的所有儀錶全部失靈。當時駕駛艙內的緊張氣氛不難想像。然而黑盒子中的資料顯示，擔任操縱飛機的副駕駛雖然驚呼了一句非常情緒化的「幹！」但還是很專業的按照DC10的緊急操作程序將油門收回，試圖將飛機當時已達每小時一百七十二浬的速度，降到緊急程序上指定的V2速度（一百五十三浬）。

副駕駛一面收油門，飛機還是保持正常爬升的姿態，但是發動機脫落後，控制左翼外側前緣翼襟翼的液壓管路也被扯斷，造成液壓油外洩，而翼前緣襟翼也在液壓油外洩的當兒，逐漸被風吹回到「收起」的位置。

飛機左翼外側的翼前緣襟翼收回之後，不但造成左右雙翼前緣襟翼不對稱的危險狀況，更使得左翼的失速速度提高到每小時一百五十九浬，而副駕駛則是按照規定將飛機的空速保持在一百五十三浬。所以在這速度下，左翼就開始失速，而失速警告器卻因為失去電源而無法對飛行員做出警告，於是飛機的左翼失速之後，左翼下垂，整架飛機向左翻滾。

飛行員此刻並不知道飛機左翼已經失速，所以並未將油門即時推上，而僅試圖用副翼及右舵來將飛機改正。這些動作對於一架左翼失速的飛機來說是起不了任何作用的，而當時三百多呎的高度也沒有任何空間可以讓這種大飛機改正。幾秒鐘後那架飛機左翼先觸地，接著墜毀！

正式調查報告

在知道這次失事的來龍去脈之後，國家交通安全委員會在失事調查報告中指出，這次重大失事的直接原因是左翼外側前緣襟翼在液壓油外漏之後收回，造成雙翼的外型不對稱而導致左翼失速。

失事的間接原因則是美國航空公司的維修部門擅自改動了發動機拆卸程序，且沒有仔細考慮若利用堆高機來安裝、拆卸發動機，會不會引起不良後果。而八個星期之前在維修這架飛機時，因為採用有瑕疵的程序來安裝發動機，導致派龍的後隔板承受過大的應力產生裂痕，裂痕又在後續的幾個星期中繼續擴大。最後，後隔板終於在那天起飛的巨大推力下斷裂。

失事調查報告也指出，飛行組員沒有犯錯，根據黑盒子所提供的資料，兩位飛行員完全遵守緊急程序中的每一項規定。**相當諷刺的是，大多數的飛機失事是因為飛行員沒有按照緊急程序操作飛機而導致墜毀，而這架飛機卻是在飛行員完全依照緊急程序的情況下墜毀！**

DC10型客機大挫敗

在這次失事之前，DC10客機就因為先前發生了好幾次空難事件而惡名昭彰。在這次失事調查當中，調查員釐清了發動機脫落的原因：派龍上的隔板發生裂痕，導致隔板斷裂，使發動機脫落。這時聯邦航空總署立刻發出緊急通知，要求所有使用DC10的航空公司，立刻檢查旗下DC10的發動機派龍隔板。

不檢查還好，一檢查竟然有好幾家航空公司發現自己的飛機隔板上都有裂痕。聯邦航空總署得知這個消息之後大驚，認為美航一九一不是單一案例，而可能是整個系統都出了問題，於是在當年的六月六日撤銷DC10的適航證書（Type Certificate），等於是下令美國境內所有的DC10立刻停飛，外國籍的DC10也不許再進入美國。

這道命令立刻在全球航空界丟下一顆震撼彈，因為聯邦航空總署從來沒有對任何機種下過這麼嚴格的命令，況且DC10在當時是許多航空公司的主要生財工具，一旦將它停飛，公司裡幾乎沒有相似的機種可以即時填補它所留下的空隙。一時之間航空業一片混亂。

為了重新取得適航證書，麥道必須證明，導致那架DC10失事的幾個設計上重大瑕疵，都已經被解決。於是麥道公司的工程部門急著打開原來的設計圖，將那些有問題的系統加以檢討並重新設計：

- 機翼前緣襟翼的液壓系統增添了保險裝置，日後即使再有液壓系統漏油的狀況，前緣襟翼也不會自動收回。
- 失速警告器及翼前緣襟翼不對稱警告器也增添了備用電源，使它們以後不致於因為單一電源消失而失效。

至於美國航空公司，則因為不安全的維修程序而遭聯邦航空總署開罰五十萬元美金，聯合航空公司（United Airlines）及大陸航空公司（Continental Airlines）也因為使用同樣的「省時」維修程序，各被罰了十萬美金。

DC10的停飛禁令一直延續了一個多月，一直到七月十三日，聯邦航空總署批准麥道公司對飛機系統的修改之後，這型廣體飛機才再度升空擔任航運任務。

雖然DC10重回藍天，但麥道公司的商譽卻已受到相當大的打擊。在媒體不斷渲染下，「不可靠」的標籤已經永遠的貼在DC10客機之上，許多人在選購機票的同時也會特別指明不要搭乘DC10。這對麥道來說更是雪上加霜，即使後來麥道將DC10重新設計，於一九九零年代初期改成全新的MD11機型上市，也無法贏回大眾對麥道的信心。終於在一九九六年，麥道被它的頭號宿敵波音公司併購。

不勝欷噓

倖免於難的女星林西，日後不大願意多談那次上飛機前的不祥預感，她僅表示她的守護天使在當天即時的給她一個她可以理解的訊號。

斯多爵的家人從此不再搭乘美國航空公司的飛機。經歷了兩次空難、三位家人罹難之後，斯多爵的哥哥發現：一棟房子是有可能被雷擊中兩次的。

迪維多一直到多年之後都還會做惡夢，夢到飛機失事。他一直很難接受他女朋友在與他吻別後三十分鐘就在這個世界上消失的事實。

在尋求保險公司理賠的時候，林樹人醫師的家人所委託的律師，除了替他的家人爭取到了一筆賠償金之外，還替林醫師本身爭取到了一筆賠償金。律師表示，因為林醫師的座位就在飛機左翼稍後的位置，在那個位置上林醫師「親眼目睹了整個發動機脫落及最後墜地的過程」，他在那三十餘秒的過程中所受到的「煎熬與痛苦」，不是常人所能忍受的，所以航空公司必須為林醫師所受的這個罪負起賠償的責任。且因為林醫師在這場意外中喪生，所以這筆給他本人的賠償金必須算在他的遺產中。這種賠償據說在保險界也是開了先例。

一切都來自降低成本……

這些年來，一般公司都會想盡辦法節省開銷，以增加利潤。不過在設定新的「省時」程序時，通常都會先做一個研究，來衡量新的程序對於公司的營運會產生什麼樣的影響。當初美國航空公司的那個「省時」維修程序，不知是在什麼情況下被批准實施的；經理人員在批准該程序時，所考量的大概僅有「工時」這個因素而已，而沒有想到在槓桿的另一邊卻是兩百七十三條人命！

第9章

設計瑕疵

聯合航空（United Airlines）811航班基本資料

日期時間	1989.02.24
機型	747-122
航班代號	UA 811
地點	夏威夷火奴魯魯附近太平洋上空
機上人數（乘客+飛行組員）	337 + 18
死亡人數（乘客）	9

聯航811航班的驚險時刻

02:09:07	【機長】(爆擊聲)媽的那是什麼?
02:09:08	【副駕駛】不知。
02:09:31	【副駕駛呼叫航管】我們三號引擎可能失效……快速下降中……隨時回報。
02:09:38	【航管】聯合811重型,瞭解,持續讓我們知道狀況。
02:09:47	【飛航工程師】三號引擎掛掉了。
02:11:35	【機長】告訴空服員準備應變。
02:14:18	【空服員對乘客】大家回座位,每個人回座位!
02:14:21	【航管】聯合811重型,有空的時候告知機上人數與降落時油量。
02:16:08	【飛航工程師】你要我下樓去看一下情況嗎?
02:16:20	【機長】好,去看看外面怎樣。
02:17:01	【副駕駛】注意你航向,你航向!你要直接飛到……直接飛往火奴魯魯。
02:17:05	【機長】對。
02:17:32	【副駕駛】好像起火了……像是四號引擎……四號……等等。
02:17:39	【機長】對……我們四號引擎有火……啟動關閉四號的程序。
02:17:49	【航管】聯合811重型,駕駛員可決定下降到四千呎。
02:17:53	【副駕駛】OK,四千呎,我們右翼有火……只剩兩個引擎。
02:17:59	【飛航工程師】(從駕駛艙外回報狀況)整個右邊……整個右邊沒了……直接看到外面,好像炸彈……可能有些人走了,我不確定。
02:18:22	【機長】麻煩大了。

02：19：29	【航管】聯合811重型，你是右側座艙有飛脱，還是右翼有飛脱？
02：19：37	【副駕駛】聯合811抱歉請重複。
02：19：39	【航管】是的教官，我們想問你是機身右側還是右翼有部分飛脱？
02：19：44	【副駕駛】我們機身右側部分飛脱……是機身……三號引擎失效，四號疑似起火也關閉。落地後需要消防救護設施，越多越好。
02：20：09	【飛航工程師】我覺得（速度）不要超過250海浬，因為（機身）那個大洞。
02：20：18	【航管】聯合811重型，搜救已經起飛一架直昇機迎接……
02：20：24	【機長】喔，他們有派直昇機。好，我們現在的失速速度是多少？
02：21：24	【副駕駛呼叫】火奴魯魯，聯合811重型，降落後我們就在跑道上撤離旅客。
02：21：32	【航管】聯合811，知道了，任選跑道落地，直接飛返火奴魯魯。如果可能現在聯繫火奴魯魯近場頻道118.1。
02：24：49	【副駕駛】OK我這邊看到燈光了……我們現在要不要放起落架？
02：25：15	【機長】等我們攔截到下滑坡度訊號再放。
02：26：01	【航管】聯合811，我們需要機上人數。
02：26：04	【副駕駛】知道了，機上人數。（詢問駕駛艙內）機上人數多少？
02：26：15	【副駕駛】呃我們還在忙，大概200多。
02：26：17	【航管】OK。
02：26：23	【飛航工程師】液壓系統一切正常。

02:26:25 【機長】那對我們有利。
02:28:46 【副駕駛】OK我們看見陸地了，距離機場大概11英里，目前還看不見機場……OK我們襟翼5。
02:28:53 【航管】好的我們把機場（跑道）燈開到最亮。
02:29:28 【副駕駛】（對駕駛艙內）我們實在太高。你看到機場了嗎？
02:29:38 【機長】沒有……我們還在滑降坡度上方。
02:29:48 【副駕駛】這附近沒有地形障礙吧？
02:29:50 【機長】還好，我們沒問題。
02:30:32 【機長】好，現在放下起落架。
02:30:55 【飛航工程師】我聽到後艙有人尖叫。
02:30:58 【副駕駛】是她在狂叫他們坐好。
02:31:31 【副駕駛】大衛，你好像速度太快。
02:31:32 【機長】好，我知道。
02:31:39 【副駕駛】我覺得降落速度190海浬比較好。
02:31:42 【飛航工程師】呃，我覺得不要低於200。
02:31:47 【副駕駛】現在沒法確定煞車正不正常，不過我們液壓系統都在，所以……也好。
02:31:52 【機長】我們液壓情況怎樣？
02:31:54 【飛航工程師】一切正常。
02:31:57 【機長】所以我們煞車正常？
02:31:58 【飛航工程師】液壓一切正常。
02:32:00 【副駕駛】所以煞車正常……可是反向推力只有1號、2號（引擎）才有。
02:32:28 【副駕駛呼叫】聯合811重型，機場閃光燈可不可以調低一點？
02:32:31 【航管】好的。
02:32:36 【飛航工程師】好，我們開始落地前檢查。

02:33:35　（落地的聲音）
02:33:37　【副駕駛】降落了……擾流板放不出來。
02:33:40　【機長】我要施放反向推力了。
02:33:41　【副駕駛】2號引擎反向就好，我們速度只有170。
02:33:45　【副駕駛】160……140……130……120……
02:33:55　【飛航工程師】情況還不錯。
02:34:16　【飛航工程師】關閉引擎。
02:34:21　【機長】我們要撤離了。

內容取自座艙通話紀錄器的錄音抄本，內容並非完整，有時僅為描述現場氛圍。用詞非專業航空術語。時間皆為當地時間。

發生機率極低、一旦發生後果極慘的賭博

試想這麼一個狀況：有人接到車商的通知，他的汽車引擎蓋鎖鉤有潛在的問題，「可能」會在毫無預警的情形下跳脫；如果跳開時車子正在行進，那麼引擎蓋會掀開，遮住擋風玻璃，使駕駛人看不見前方而導致可怕後果。車商建議車主，在一年之內將車子送回原廠，換掉有問題的引擎蓋鎖鉤。

再假設，如果那輛車剛好在兩星期之後要回原廠例行保養，我想一定會有人決定把「保養」和「更換引擎蓋鎖鉤」這兩件事合併處理，等兩星期後再把車子開回原廠將所有的問題一次解決，這樣就免得「麻煩」。

但是，人生就是有但是，若在這兩個星期之間，引擎蓋鎖鉤在一次行車途中跳開，而造成了無可彌補的後果，那麼再多的後悔、再多的「早知道我就……」也無法挽回可怕的事實！

其實那些人並不是將自身的「方便」放在「安全」之前。他們只是認為，這種賭博的賭注不大。可是他們卻忽略了：萬一賭輸時，後果是無法承擔的。

基於同樣的心理，當航空公司接到飛機公司通知，為了安全必須更換或修改某些系統、零組件的時候，航空公司也會想辦法將需要維修或更換的項目，安排到飛機需要進廠進行例

行維修之時一併進行，通常不會在接到通知後，立刻將飛機停飛進行維修。因為只要在飛機製造商所指定的期限內將那些項目改裝完畢，就一切合法。

只是，盡管一切程序合法，有時意外還是會發生。而那些後果，更不是公司決策人能負擔得起的！

以下的這個故事，就是述說著一個這樣的情況……

退休前的航班

一九八九年二月廿四日午夜，聯合航空公司（United Airlines）機長大衛・克隆寧（David Cronin）與組員進入檀香山國際機場大廳，他們將展開一趟飛往紐西蘭的八一一次班機勤務。那次航班將是克隆寧退休前的倒數第二次勤務，幾天後當他由紐西蘭飛返夏威夷後，就因年齡而必須從聯合航空退休了（當時美國航空總署對客機駕駛員的強制退休年齡是六十歲）。所以他步入機場大廳時，心情其實是相當複雜的，一方面是為了即將由職場退休而高興，但過去三十五年的飛行生涯中他有太多美好的回憶，在快樂的同時也為了必須離開他所喜愛的飛行線而感到難過。

八一一航班的副駕駛是四十八歲的奧爾・司雷德（Al Slader），他在二十年前剛加入聯航時就認識了當時已是機長的克隆寧，兩人之間默契極好，所以這次是他主動向公司申請，陪同克隆寧飛這一趟退休前的紐西蘭來回勤務。

駕駛艙裡的另一位成員、飛航工程師蘭道．湯馬斯（Randal Thomas）則是第一次與這兩位飛行員搭檔。四十六歲的他是駕駛艙中最年輕的一位，但卻已經擁有兩萬小時的飛行經驗，是一位經驗相當豐富的組員。

除了駕駛艙中的三位組員之外，客艙中還有十五位空服員。座艙長勞菈．白玲潔（Laura Brentlinger）那天在對空服員做提示時，特別提到兩個月之前在英國發生的泛美航空公司一○三次班機慘案：從法蘭克福經倫敦飛往紐約的泛美一○三班機，剛由倫敦起飛不久，抵達三萬一千呎空層就發生爆炸，全員罹難。白玲潔要組員登機後，仔細檢查所有座位上方的手提行李架及座位下方，看是否有前一班旅客留下來的行李，因為那架泛美客機起點是法蘭克福，並在倫敦短暫停留上下客人，有人懷疑可能是有客人將爆炸物在法蘭克福帶上飛機，然後在倫敦下機時將爆炸物留在飛機上（這個推測後來證明是錯誤的）。而當天這架聯合八一一次航班，也是由洛杉磯出發前往紐西蘭，檀香山是這趟航程的中繼站，所以白玲潔才會對她的組員有這樣的囑咐。

夏威夷時間午夜一點五十分，這架波音七四七—一二二型客機由檀香山機場起飛，展開飛往紐西蘭的八小時航程。坐在商務艙的布魯斯・藍波特（Bruce Lampert）看著機外越來越小的燈光，覺得他心中的煩惱就像那些燈光似的，離他越來越遠，他是一位專門處理航空業務的律師，正準備前往紐西蘭渡假，他希望在此後的兩個星期內，不要去想任何有關飛機的事！

救人一命的小動作

飛機起飛之後不久，克隆寧機長在航管的引導下將飛機對著紐西蘭的方向開始爬高。這時他由飛機的氣象雷達上發現有個雷雨區就在正前方不遠處，於是他向航管請求將航向左偏，想避過雷雨區。也因為這個緣故，他將繫緊安全帶的指示燈重新打開。

他不知道自己當時這個不經意的小動作，竟然救了許多人的性命！

夏威夷時間午夜兩點十六分，飛機正通過兩萬兩千呎的空層，駕駛艙中的幾位組員及飛機前半部的旅客都聽到了一陣金屬摩擦的聲音，然後是一聲「咚」的聲音。克隆寧機長正覺得奇怪那是什麼聲音的時候，他就聽到了震耳欲聾的爆炸聲！然後駕駛艙的門就被一陣強大的風吹開了，駕駛艙內所有沒被固定的東西立刻被強風吹起。克隆寧直覺認為是藏在飛機某個地方的炸彈爆炸了，飛機即將解體摔進太平洋！

從機身破洞看出去的星星

坐在第十三排G及H兩個座位的蓋瑞．嘉柏（Gary Garber）夫婦，剛剛閉上眼睛準備睡覺，就被巨大的爆炸聲嚇醒。他們睜開眼睛時發現他們前面幾排的椅子已經全部消失，前面大概有二十呎的機身也不知去向，他們的雙腳幾乎就是懸在半空中。

一股強大的氣流在客艙中竄流著，許多行李就在旅客的眼前被這股氣流吹出機外。嘉柏夫婦緊張的互相抓緊對方，生怕一個不當心自己也被強烈的風吹出機外。

座艙長白玲潔當時正由飛機的上層走旋轉梯下來，她也被那陣強大的爆炸聲及強風吹倒，順著旋轉梯向下滑。她伸手想抓住樓梯的扶手，但氣流太過於強大，她竟然一直摔到飛機底層時才抓住樓梯的扶手。

好不容易穩住之後，眼前看到的景象更讓她大吃一驚：飛機右側的機身破了一個大洞，從那個洞她不但看到夜空中的繁星閃爍，更看到飛機的翅膀及已經著火的四號發動機！但最讓她驚嚇的是，破洞旁邊的商務艙總共有五排座椅（八排到十二排的G與H位置）已經不見了，表示坐在那幾個座位上的乘客在爆炸的瞬間都被炸到機外去。

她不敢去想那幾位乘客的下場，但是她卻想到飛機上果真被藏了炸彈，而她幸運躲過第一波的爆炸之後，必須盡到座艙長的責任，那就是穩住座艙內的乘客及組員，然後配合機長的下一步處置。

商務艙裡有位空服員在爆炸時也差點被炸出機艙，幸好她及時抓住了一個座椅的底部，然後在幾位乘客及組員的協助下，才將她拉回機艙內。

坐在商務艙的律師藍波特被爆炸的巨大響聲懾服，耳朵也因客艙快速洩壓而暫時變聾。他像是看著默片一樣，目睹自己頭頂上的行李架被震開，裡面的大小行李像是被一隻無形的手拖出來朝著機外的高空甩出去，接著立即被吹到黑暗夜空中。

他轉身往窗外望去，只見最外側的發動機冒出火光。原來這就是飛機墜毀的前奏！他曾替保險公司處理過許多飛機失事案件，也看過許多飛機失事的照片，但這次卻換他身歷其境，被迫親眼看著飛機在他眼前慢慢支離破碎。突然間他感受到了一陣從來未有的恐懼：原來那些曾歷經飛機失事的人，就算僥倖存活，也都曾有過這段讓人驚心膽破的經歷。

緊急回航

克隆寧機長在駕駛艙內並不知道飛機到底是哪個部位被炸了，他只知道爆炸後機身一定已經破損，所以才會造成那樣大的風。當時出現在他腦海裡的第一個對策，就是把飛機下降到不需要藉著氧氣就可以呼吸的高度，所以他將駕駛盤向前推去，讓飛機進入俯衝。

副駕駛此時已將氧氣面罩戴上，並提醒機長及飛航工程師都戴上面罩。三人戴上之後立即發現氧氣系統已經故障，面罩中吸不到任何氧氣，於是又將氧氣面罩取下丟在一邊。

飛機這時震動得相當厲害，副駕駛司雷德很直覺的把視線掃向發動機儀錶，發現三號發動機的N1（扇葉轉速）、EGT（發動機尾管溫度）及EPR（發動機壓力比）都偏低，代表三號發動機已經失效。克隆寧機長也注意到了這個現象，於是他請飛航工程師湯馬斯取出關閉發動機的程序單，然後順著程序將三號發動機關掉。三號發動機剛關掉，飛機的震動就停止了，克隆寧覺得先前的震動一定是爆炸時機身的碎片被吸入三號發動機，導致三號發動機的壓縮器葉片受損，引起機身劇烈震動。

爆炸發生時他們才剛由檀香山國際機場起飛十多分鐘，機場就在他們後面七十二浬，所以在克隆寧緊急下降的當口，副駕駛司雷德也與航管聯絡，表示飛機發生爆炸必須緊急回航。航管也很快給了他們一個新的航向，讓他們以最直接的路線飛回機場。

發動機後面拖著一條長長的火焰

飛航工程師湯馬斯根據飛機的資料簡單算了一下，發現飛機那時的重量要比安全落地的重量高出十五萬磅，於是他立刻向機長表示要開始洩油，同時並將洩油的電門按下。

看著油量錶的指針開始回轉，湯馬斯緊張的情緒並未因而放鬆，因為他知道飛機的洩油量僅是每分鐘五千磅，因此回到機場落地時，飛機絕對會超重。不過他也瞭解在當時的狀況下，超重落地只是一個小問題而已，還有一堆問題等著處理，而最大的問題就是：能否安全的回到夏威夷？

經過剛爆炸時的慌亂之後，駕駛艙裡的幾個人很快回復了先前的冷靜，飛機也降到一萬呎的空層，不用氧氣就可以正常呼吸了。於是克隆寧將飛機改平，開始仔細評估受損的情形。他請湯馬斯到後艙去看看到底是哪裡爆炸，並回報受損的情形，另外要告訴座艙長飛機極可能在海上迫降，請她儘快將乘客們準備妥當。

湯馬斯解開安全帶，匆匆走出駕駛艙。當他走到旋轉梯時，根本不用走下樓梯就可以看到機身破了個大洞的可怕景象。在下層的座艙長白玲潔抬頭也剛好看到呆呆站在旋轉梯上的湯馬斯，頓時她鬆了口氣，「還好，駕駛艙裡的人似乎沒事。」她心裡這樣想著。

飛機不斷震晃，湯馬斯抓緊樓梯的扶手從二樓走下扶梯，到了白玲潔身邊。飛機機艙破裂出一個大洞，機外的發動機就在咫尺之外，可怕的噪音使得機艙內根本無法交談，湯馬斯只得邊打手勢邊吼著告訴她，飛機極可能無法返回夏威夷，她必須開始讓乘客準備好海上迫降。

然後湯馬斯小心翼翼的扶著客人的座椅，走到機身大洞的旁邊。他估計那個洞大約有十呎高、二十呎寬，由那個洞向外看去，可以看見飛機翅膀前緣有些破損，但不是太嚴重，比較嚴重的是四號發動機後面拖著一條長長的火焰。

越來越接近海面

湯馬斯回到駕駛艙之後，向機長報告他覺得是一枚定時炸彈在飛機的右側爆炸，右邊有一大片蒙皮被炸開，四號發動機著火必須立刻關閉。其次，機身已經破了一個大洞，飛機的結構必然受到相當程度的影響，他建議將飛機的速度降到只比失速稍微大一點，免得飛機因為無法承受高速飛行的應力而解體。

克隆寧機長聽了他的報告後發現，四號發動機的尾管溫度雖然已經超過紅線，但火警的警告燈卻沒有亮。他判斷這也大概是因為爆炸的影響，使得警告燈的線路也出了問題。於是他在其他兩位組員的協助下，將四號發動機也關掉。

三號、四號發動機都安裝在飛機右翼之下。這兩具發動機關掉之後，飛機全靠左翼下的一號與二號發動機維持飛行。這樣的結果是，飛機立刻出現推力不平衡，使得飛行員必須運用副翼及舵來保持飛機的直線前進。

在兩具發動機關俥之後還有另外一個問題：那就是飛行員已經無法繼續維持飛機的高度。雖然飛機已經開始洩油，但是洩油的速度太慢，過重的飛機仍然不斷喪失寶貴的高度。克隆寧機長於是用廣播系統通知客艙，要空服員開始做海上迫降的準備。然而因為客艙中的噪音太大，旅客們完全無法聽清楚機長的廣播。

陸地！陸地！

白玲潔座艙長在那之前已在飛航工程師湯馬斯的建議下，請乘客將座椅下的救生衣取出穿上。也是由於發動機的聲音太大，她必須拿著每個座位前都有的那張救生卡片，指著如何穿上救生衣的那個段落，向旅客們用手勢來表達穿上救生衣的指令。

坐在商務艙的藍波特穿上救生衣之後，卻發現救生衣腰帶上的兩個鎖環扣不上，只好轉身向旁座的乘客求援，卻發現那位乘客正指著窗外大叫，在那巨大的噪音中藍波特隱約可以聽出那位乘客正在喊著：「陸地！陸地！陸地！」於是他轉頭往窗外望去，好像真的可以看見遠處些許燈光。既然可以看見燈光，表示飛機離夏威夷群島已經不遠了。這時他才覺得也許這場意外事件會有個安全的結局。

駕駛艙裡的幾位組員已開始做落地的準備。用單側的兩具發動機落地，乃是飛行模擬訓練中必要的一課，但是訓練課程中僅有「兩具發動機失效」的情境設定，大家都沒練習過機身破裂、飛機結構受損的情況。所以那天八一一次班機上的三位組員所面對的是一個相當陌生的的飛行領域。

克隆寧機長掌控著飛機，以兩百浬的空速向檀香山機場飛去，他知道他不應該用這麼快的速度進場，可是他無從得知在飛機外型改變（破了個大洞）加上兩具發動機失效後，飛機的失速速度為何，加上當時高度僅剩下五千餘呎，所以他只好保持兩百浬的空速向機場前進，因為他確知，在這個速度下飛機可以繼續平穩飛行。

飛機正前方那些本來零星的燈火，已經變成了燈火通明的海岸線，副駕駛司雷德在看到夏威夷的海岸之後，心中頓時穩了下來，他知道他們不會在海上迫降了。

最後關頭千萬別出錯

航管人員告訴八一一次航班，他們當時離八號左跑道頭只有十五浬的距離，然而正副駕駛兩人都還看不見跑道。飛航工程師湯馬斯此刻也算出在當時飛機的重量下，以單側雙發動機進場的速度該是一百八十浬，但是因為機身有著那麼大的一個破洞，他建議仍然保持兩百浬的速度進場。

飛機以三千五百呎的高度通過夏威夷海岸線，就在那時副駕駛司雷德看到機場了，於是他向航管報出「聯航八一一目視機場」的訊息。克隆寧也詢問湯馬斯液壓系統是否運作正常，湯馬斯回報液壓壓力三千磅，那是正常的壓力。這使克隆寧放心不少，因為這表示他使用煞車時將有足夠的壓力。

飛機離機場越來越近，克隆寧也愈來愈緊張，他已經小心翼翼的將這架受傷的飛機帶回夏威夷，千萬不能在這最後的關頭出錯……

客艙的空服員見到飛機已經飛抵陸地上空，知道飛機不會迫降在水上，就又開始提醒乘客預防落地時可能的撞擊。

克隆寧下令放下襟翼，特別叮嚀副駕駛司雷德逐步放下，不要一下就將襟翼放到落地的位置，這是怕萬一襟翼系統一邊發生故障的話，飛機會產生側滾，所以司雷德先將襟翼放下五度，發現飛機並沒有產生側滾現象，接著他再將襟翼放到十度，飛機還是很平穩的飛著，但是速度卻顯然慢了下來。當司雷德想再繼續放出襟翼時，卻發現襟翼似乎被卡住而無法繼續放下。他向克隆寧機長報告之後，機長決定就用十度的襟翼進場。

檀香山機場的救援車輛已在八號左跑道頭排好待命，救援人員站在救火車上對著進場的方向瞭望，希望能早些見到那架受創的飛機。

距離機場五浬的時候，克隆寧下令將起落架放下。此時的飛機仍然過重，而且湯馬斯擔心外洩的燃油碰到地面的任何火花會引起火災，所以在進入陸地之後已經把洩油的電門關掉。克隆寧實在擔心，深怕降落時飛機的起落架會無法支撐過重的機身而折斷，所以他用最輕柔的手法操作飛機，希望它能像羽毛般下降。

坐在機身右側破洞後面的嘉柏夫婦對外界的景觀真是一覽無遺。當他們看見跑道兩旁的燈光時，知道飛機已經飛進跑道，馬上就可以降落時，應該是相當的興奮，但嘉柏先生心中卻是擔心飛機在著陸的剎那，會不會就在他前面斷裂？如果真在那裡斷裂的話，那麼坐在裂口破洞第一排的他會立刻摔到跑道上……

超完美撤離

在檀香山機場八號左跑道頭待命的救援隊員，看著遠處黑暗的天際有架飛機正在向機場飛來，他們知道那就是出了狀況的飛機，所以大家都瞪大了眼睛，看著它漸漸接近機場。當飛機通過跑道頭上空時，在跑道右側的救援人員都不敢相信他們的眼睛，更不敢相信一架破了那麼大洞的飛機，竟然還可以安全的飛回機場。

夏威夷時間午夜兩點三十三分，這架歷盡滄桑的波音七四七終於輕輕的落在檀香山機場八號左跑道上。克隆寧機長自己認為那是他在四十年的飛行生涯中，最輕柔的一次落地。飛機雖然過重，但起落架仍然盡到了它的職責，支撐著超重又超速的機身，在跑道上顫抖的滾行著。克隆寧及司雷德兩人利用二號發動機的反向推力及大量的煞車，終於讓飛機在跑道上慢慢的停下來。

飛機停妥之後，整個客艙裡的客人及空服員都激動的大力鼓掌，他們完全沒有想到自己竟然能在這場劫難中存活下來！座艙長白玲潔雖然也是激動，卻沒有忘記職責，她拿起麥克風高聲叫空服員將所有緊急出口打開，放出充氣的逃生梯，請全部客人立刻緊急疏散，因為她認為飛機上可能還有尚未引爆的炸彈！

這是一次超完美的行動，整架飛機上三百多位乘客，竟然能在一分鐘之內全數撤離機艙，簡直是比演習還要順利的真實情況。旅客撤離飛機之後，看見機身的大洞，還真是難以置信，不敢相信飛行員竟能將這麼慘的飛機救回來。

排除了爆炸因素

旅客被接走之後，機場的航警對飛機做了仔細檢查，沒有發現任何爆炸物，機身破裂的地方也沒有任何火藥的痕跡，證明這次事件並不是一件恐怖份子的襲擊案件。

那麼，到底是什麼原因導致飛機右側那麼一大片蒙皮在飛行中脫落呢？

國家交通安全委員會的調查人員在得到消息後，第一時間內就由華盛頓啟程，前往夏威夷去對這件空中意外事件展開調查。在前往夏威夷的飛機上，幾位調查員根據他們當時所得到的有限資料，知道飛機右側貨艙門附近的一大片蒙皮在飛行中被炸開，他們就想到也許這件意外與泛美航空公司在一年多以前所發生的一宗事件有某些關係。

那次事件也是一架波音七四七型客機，從倫敦起飛在爬高的過程中因為座艙無法加壓，只好折返倫敦。落地後地勤人員發現前貨艙門沒有完全關緊，導致增壓的空氣不斷由那個門縫中漏掉，客艙當然無法增壓。

至於為什麼那架泛美的七四七貨艙門沒有關緊，調查人員認為可能來自地勤人員把貨艙門關好之後，有人不小心誤觸了開艙電門，使得負責閉鎖的一組凹輪鎖企圖回轉到「開」的位置，而原本在凹輪鎖上方的鎖臂，應該可以防止凹輪鎖轉動，但那幾片鎖臂是用鋁合金製造，沒辦法承受電力控制下的凹輪轉動的力量，於是在硬轉的情況下造成鎖臂受損，導致貨艙門與機身之間出了一道細縫，機艙中的空氣不斷由那細縫中外洩。

針對泛美的這次事件，聯邦航空總署對擁有波音七四七客機的航空公司發出了定期修改的通知，**要求在兩年內將原來貨艙的鎖臂更換成不鏽鋼材質的鎖臂**，並將它的厚度增加。不管是聯邦航空總署或波音公司都認為這樣就可以防止類似的事件再度發生。

就這樣結案吧：人為因素

調查人員抵達夏威夷，見到那架受損的七四七之後，發現破洞的地方正是前貨艙門及它的正上方，很顯然是因為貨艙門在飛行中突然開啟，在強大的氣流吹動之下，那個艙門猛力上揚，打到它上方的客艙蒙皮。巨大的撞擊力使得客艙蒙皮被撞破、撕裂，而造成猛爆性洩壓，繼而導致蒙皮旁邊總共有五排雙人座位商務艙旅客，也連人帶座椅被吸到機外。

調查人員根據他們所看到飛機受損的情況，做出了以上初步的判斷，但是每一個環節他們都需要確實的證據，才能證實他們的推論。

既然有了泛美航空公司之前的案例，調查人員所做的第一件事就是將飛機的維修日誌找來，看看貨艙門的鎖臂有沒有按照波音公司的定期修改通知去更換。結果發現公司還沒有將鎖臂更換，但已經安排在一個多月之後，飛機進廠大修的時候，一併將鎖臂更換。

雖然「更換鎖臂」的維修尚未執行，然而聯合航空公司並未違法，因為聯邦航空總署是要求所有航空公司在收到那項指令後「兩年內」將貨艙的鎖臂換新。聯航這架飛機發生狀況時，兩年的期限尚未屆滿。

這個事件中最重要的證物（貨艙門）已經沈入大海，無法查出它在飛行中飛脫的原因，所以調查人員僅能根據機身其它部位損壞的情形來臆測當時的情形。

一九九〇年四月十六日，國家交通安全委員會發表了這次意外事件的調查報告，把意外的原因明白指向下列人為因素：

- 貨艙門在前幾次的使用中，因為操作人員的不慎，導致門鎖的鎖臂受到損壞。
- 地勤人員並未察覺門鎖已經受損，因此每次飛行前地勤人員雖然把貨艙門鎖好，其實門鎖並未完全拴上。
- 經過幾次「以為有鎖好其實沒鎖好」的飛行之後，在二月廿四日飛往紐西蘭的途中，貨艙門終於撐不住客艙內加壓時的壓力，而向外飛去。
- 向外飛出時的力道之大，不僅將貨艙門上部的鉸鍊拉脫，更在順勢向上飛去時打到客艙的蒙皮，導致那個部位的蒙皮撕裂，破碎的蒙皮及由艙內飛出的物品被吸入三號及四號發動機，造成那兩具發動機先後失效。
- 爆炸後駕駛艙裡的組員掛上氧氣面罩卻吸不到氧氣，原因則是供應組員氧氣的氧氣筒就裝在前貨艙門的旁邊，所以當貨艙門被吹開之後，氧氣筒也被那股氣流吹到機外。

調查報告出爐之後，聯合航空公司沒有任何異議，他們當時只想將這個不愉快的意外事件放到腦後，所以他們希望藉著這個調查報告發表的機會，讓這個事件畫下一個句點。

老父親的獨力調查：設計瑕疵

沒有想到，九位罹難人士中有位紐西蘭人名叫黎伊．金寶（Lee Campbell），他的父親凱文．金寶（Kevin Campbell）對國家交通安全委員會的調查結果高度不滿。他覺得國家交通安全委員會在沒有找到炸飛的貨艙門之前，就斷然宣佈結案案，實在是太敷衍了事。凱文自己就是工程師，他遭逢喪子之痛，下定決心要找出發生意外的真正原因，才能杜絕日後再度發生同樣事件機會。他覺得，唯有這樣才能讓他兒子的犧牲有價值。

凱文仔細研讀貨艙門的設計及操作原理之後，認為這起意外事件是因為電力系統的差錯及設計上的問題造成的，而不是像調查報告上所說的是「人為錯誤」造成的意外。

凱文覺得，若純粹以安全為考量的話，則貨艙門應該是向內開啟（向飛機肚子內開啟），而且門外面的門框必須比門本身還小，這樣在飛行時艙壓會將門緊緊的壓在門框上，這種門絕對不可能在飛行時被打開。

但這種門有個缺點：向內開啟的話，會減少貨物的裝載量，而多裝貨物絕對是每家航空公司所追求的目標，所以他也可以理解為什麼波音公司會設計這種向外開啟的貨艙門。

回到現實，波音公司所設計的「向外開啟」貨艙門內側設有凹輪鎖，當地勤人員在貨艙門外面（站在飛機外面）按下關門的電鈕之後，貨艙門關上時，門內側的那個凹輪鎖會接觸機身上的鎖銷，此時凹輪鎖順時鐘方向轉九十度，這樣就將鎖銷固定在凹輪鎖裡了。

接著地勤人員將門栓推進機身，這個動作會將一個L型的鎖臂轉到凹輪鎖上面，阻止凹輪鎖的任何轉動。L型的鎖臂轉到凹輪鎖上時，同時也會觸動一個微型開關，將通往馬達的電力關掉，在沒電的情況之下，也不怕有人在艙門關妥之後不小心誤觸馬達電門。

凱文接著想，**如果聯合航空八一一班機是人為因素而未能將貨艙門關妥，那麼飛機會產生與泛美的那架七四七一樣不能加壓的狀況。可是八一一班機卻是在艙壓正常的情況下，已經爬到兩萬兩千呎，貨艙門才被吹開而造成猛暴性洩壓。所以八一一班機的貨艙門肯定是先關妥了，是後來才因為某種原因而又脫開了**。

凱文開始不斷上媒體發表他的觀點，強烈要求找到貨艙門飛脫的真正原因方可結案。到最後波音公司、聯合航空、國家交通安全委員會及聯邦航空總署終於聯合出資，於一九九〇年七月廿二日雇用了美國海軍的深海探測小潛艇，並依據電腦計算出當初貨艙門飛脫之後，在風速及風向影響下可能的落海位置，開始尋找那個貨艙門。

要在浩瀚的太平洋裡尋找一個僅四十餘平方呎的貨艙門，還真像是試圖在大海撈針！

鐵證待判

不過拜電腦科技的發達，將貨艙門的可能落海位置縮小到一個區域，尋找了兩個多月之後，就在搜索人員即將放棄之際，深水潛艇於九月廿六日在一萬四千呎深的海底找到了半片的貨艙門。那半片貨艙門撈起來之後，調查人員檢視斷成兩半的原因，發現是因為貨艙門在飛脫之後撞擊到機身時才斷成兩半。

找到這半片門讓搜索人員信心大增，於是讓電腦再根據這半片門的沈落地點，推測出另外半片的可能點。這樣，終於使搜救人員在五天之後找到了另外的半扇貨艙門！

找到那貨艙門之後，國家交通安全委員會的調查人員非常驚訝的發現，**那個貨艙門的L型鎖臂不但未如他們在調查報告中所陳述的「先前已受到損壞」，反而還停留在鎖上的位置！只是那個凹輪鎖卻已經轉到了「開」的部位**。

這個發現讓失事調查委員會相當難堪，因為這樣不只顯示出他們的判斷錯誤，更代表著那個貨艙門還有著其它尚未被發掘出來的危險。

凱文也親自檢視了那個已經斷成兩半的貨艙門，他看著那個並未發生作用的L型鎖臂，及轉到「開」部位的凹輪鎖，唯一可以想到的原因，就是「控制凹輪鎖的馬達發生短路」造成的。換句話說，在無人觸及電鈕開關的情況下，馬達因為電線短路而啟動，將凹輪鎖轉到「開」的部位，而L型鎖臂竟沒能如設計時的構想，阻擋住凹輪鎖的轉動。

假設這架飛機已經按照波音公司的定期修改通知，將L型鎖臂換成不鏽鋼的材質，同時加強它的厚度，那麼這樁慘劇就不

開鎖狀況

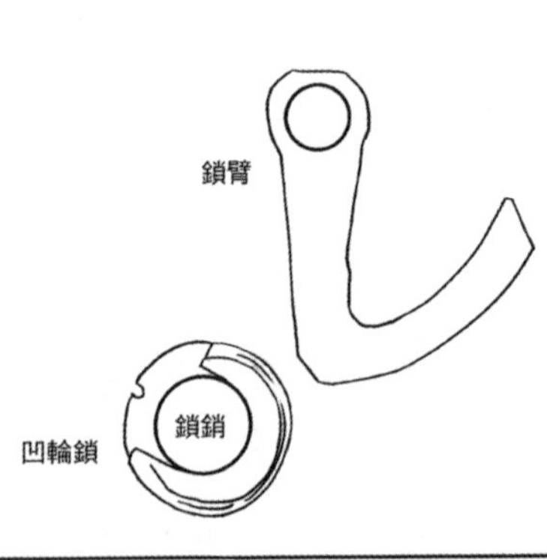

上鎖狀況

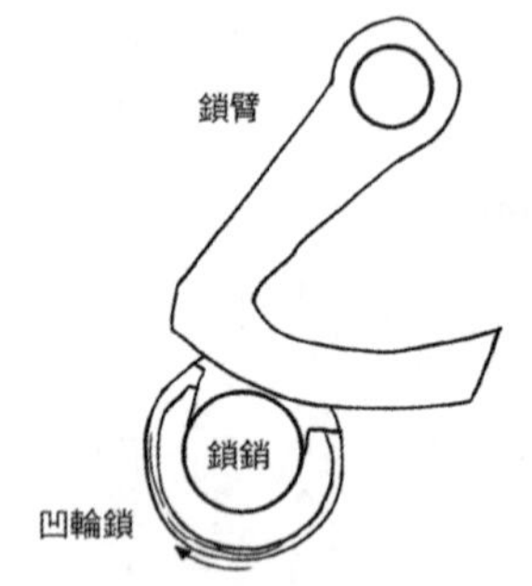

資料來源：NTSB調查報告

會發生。

可是，貨艙門上馬達的電線早就在意外中被吹散、扯斷，凱文的「馬達電線短路」理論無法獲得證明，所以國家交通安全委員會的調查人員就不願意更改原先那份已經發表的失事調查報告。

官方不信，老天也會要他信！

然而，似乎真是冥冥中自有天意，就在那時，又有一架聯合航空公司的七四七客機貨艙門在沒有外力介入下，自動打開。只是非常幸運的，這次艙門自動開啟的時候飛機還在地面。在檢查之後發現，還真是因為馬達電路發生短路的現象，而造成艙門開啟。

經過這一次的艙門開啟事件之後，失事調查委員才開始正視「馬達電線短路」的可能性。經過多次的測試及對多架同型飛機的檢視後，**調查委員們終於認定了電線短路是這次事件的主因**，而單薄的L型鎖臂設計也是這件意外的促成因素。國家交通安全委員會在重新整理過新的證據之後，將原有的失事調查報告重新改寫。

國家交通安全委員會修正調查報告之後，聯邦航空總署也立刻縮短七四七型客機修改L型鎖臂的期限，規定接獲通知的卅天內要修改完成（本來通知是要在二十四個月改好）。

聯邦航空總署同時另外發佈了一個新的定期修改通知，要求每家航空公司將旗下所有「外開式」貨艙門的飛機（不限於七四七機種）的電路更改，改成艙門關閉後，立刻將電源由整個電路上移除，這樣就可以完全杜絕電線短路的情形。

從那之後，再也沒有另一樁貨艙門脫落的事件發生。

第10章

「差不多就可以了……」結果飛機燃油漏光

越洋航空（Air Transat）236航班基本資料

日期時間	2001.08.24
機型	A330-243
航班代號	TS 236
地點	大西洋亞速爾群島
機上人數（乘客+飛行組員）	293 + 13
死亡人數	0

獨家專訪：越洋航空236班機皮謝機長

有關236航班

Q：維修部門後來有發現是什麼因素造成「滑油溫度低但壓力高」？

A：原因有找出來，記載在NTSB報告裡：更換引擎時有個液壓泵裝設方式錯誤。

Q：兩具引擎都因缺油熄火的當下，你自己有多大信心能夠飄降到亞速爾群島？

A：這件事用文字很難解釋清楚。當一個人面臨生死交關，心裡會有一連串的事情不斷、連續發生。先是出現一些徵兆：感覺可能會成功，然後徵兆越來越強，你的自信越來越大，腎上腺素大量湧出，在腎上腺素的協助下你越來越接近成功，而無視外在環境為何。相信我，當晚我的腎上腺素爆發到了破表的程度。

Q：有關駕駛艙內有效的溝通：這個因素在236航班事件中扮演什麼角色？

A：當晚「溝通技巧」這件事至關重要。溝通直接牽連到領導能力，因為當晚我得確保飛機上的每個組員各盡職責——即使我們每個人都感覺到自己快死了。

Q：那天涉事的、機身註冊號C-GITS的飛機，現在仍在役，且綽號叫「亞速爾滑翔機」。你最近一次看到她、搭乘她是什麼時候？

A：沒錯，她還健在，兩個禮拜之前我才搭她到歐洲。

有關飛行這件事

Q：請形容人生第一次放單飛的情形。

A：那年17歲，以航空青年團飛行生的身份，只接受4個小時的飛行訓練就單飛。跟大家一樣，首度單飛之後好高興，好輕鬆。飛的是賽斯納150，總共25分鐘，好像還練了兩次落地重飛。

Q：請描述你對飛行的熱忱。
A：年紀很小的時候就熱愛飛行。我們家就在機場旁邊，打從有記憶以來就迷上飛機。

Q：你飛過最罕見的機型是什麼？
A：我擁有12種飛機的飛行許可，其中兩種我最鍾愛：道格拉斯DC-4和洛克希德L-1011三星式客機，兩種都適合喜愛親手飛行的人。還有一種飛機，是我在「學著飛她」的過程中最快樂的，就是飛行生涯早年接觸的DC-3。

有關你自己

Q：你成功戒除酒癮過程中展現的毅力，已成許多企業內訓教材。你如何辦到的？
A：人生總會走到一個關鍵點，在那個關鍵點上，必須設法提升自己的生活方式，離棄某些不知不覺上身的習慣。沒錯，那時真的是需要極大量的決心和毅力，才能徹底翻轉我的生命。

Q：最後是一個「A對抗B」的趣味問題：身為飛行員你喜歡空中巴士還是波音產品？
A：沒有特別的喜好。兩個公司的產品我都飛過，都是優秀的產品，雖然兩者非常不同。對我來說，飛行是自由，無關機型。

Captain Robert Piché, 2017/06/19

五十多年以前，我還在唸小學的時候，讀過胡適先生所寫過的一篇短文〈差不多先生傳〉，以寓言式的寫法來影射國人凡事不求精準，只要差不多即可的陋習。我對那篇文章的印象非常深刻，因為就在讀那篇文章的同一天，母親的一位朋友來家裡要跟母親學如何和麵，當母親將水倒進麵粉裡的時候，她的朋友問要放多少水到多少麵粉裡，母親的回答就是：「沒個準兒，差不多就可以了！」

以下這篇故事也是一位飛機維修的主管，認為兩個液壓泵零組件「差不多」，因此在飛機原廠指定件缺貨的狀況下，決定用那個「差不多」的液壓泵來代替，結果幾乎造成三百多人命喪大海。只不過這位「差不多」先生，並不是一位中國人，而是一位我們平時認為凡事不馬虎的外籍人士。

原來「差不多」並不是中國人的專利！只是在精確的航空界裡是容不下這種「差不多」的心態的！

橫越大西洋已是小事

二〇〇一年八月廿三日夜間零時五十二分（本文中所有時間均為格林威治時間），一架空中巴士A330的雙引擎客機，由加拿大多倫多機場起飛，前往大西洋彼岸的葡萄牙首都里斯本。那是越洋航空公司（Air Transat）的二三六次班機，飛機上除了兩百九十三位客人，十三位空服人員，及兩位飛行員之外，還裝載了可以飛足八小時的十萬磅燃油。

自從航空界先驅者林白在一九二七年以三十三小時半的時間，創下首次單機橫渡大西洋的紀錄之後，不但替他自己贏得了兩萬五千美元的獎金，更向世人證明了飛越大西洋不再是個遙不可及的夢想，飛機可以快速、安全的將人們由大西洋的這邊帶到大西洋的那邊，而且這個過程越來越安全，也越來越快。

航空客運的快速與安全性不斷提高之後，飛機就幾乎成為人們橫渡大西洋時的唯一交通工具，每天總有上百架次的客機在不同的時段往返大西洋兩岸。二〇〇一年八月廿三日晚間，航管人員就因為航路上的飛機過於擁擠，而通知二三六次班機請他們向南偏六十浬，以避開航路上已經過多的飛機。這種航路上的調整在航管系統上極為普遍。只是當時沒人知道，這個小小的動作即將拯救這個班機上面所有的人！

飛行員的不凡人生

二三六次班機起飛半小時，通過第一個航路檢查點，這時機長機長羅伯・皮謝（Robert

Piché）讓副駕駛德克・賈葛（Dirk de Jager）開始計算飛機由起飛之後所耗去的油量，與航行計畫上所預測的是否相同。這是長途飛行——尤其是跨海飛行時——非常重要的一個步驟。

副駕駛賈葛年僅二十八歲，雖然有四千八百多小時的飛行經驗，但是看在已經有著一萬六千多小時的正駕駛皮謝眼裡，他還是相當的嫩，所以皮謝機長將駕駛艙裡的一些繁雜瑣事都讓賈葛去做，而賈葛也很樂意去做任何皮謝所吩咐他的事，他認為這樣才能由皮謝那裡學到一些難得的經驗。

皮謝也真的是有一些難得的經驗。他是那種具有冒險天性的飛行員，十七歲取得私人飛行執照之後，他的生活就與藍天與飛行結下了不解之緣。除了有動力的飛機之外，他也是一位合格的滑翔機飛行員，知道如何有效運用高度及速度來控制一架沒有動力的飛機。

皮謝放浪不羈的飛行員生活方式，也曾讓他付出不小的代價。他在一九八零年代曾因被航空公司裁員而失去固定收入，在走投無路時為販毒團體駕小飛機由波多黎哥載運大麻，闖關美國失敗而被捕。在喬治亞州的監獄裡待了一年多後，他竟然能說服法官，讓他在五年刑期中只服了不到三分之一，就被釋出獄。

皮謝繼續靠著他的三寸不爛之舌，不但說服了美國法官將他提早釋放出獄，接著更說服了加拿大越洋航空經理階層破格錄取他，讓他再度成為航空公司的飛行員。通常有案底記錄的人是不會被錄用的。

三萬多呎的夜空是平靜的，二三六次航班上的兩百多位客人在起飛後一兩小時內都先後入睡，客艙內一片寂靜，整架飛機內只有駕駛艙是最清醒的地方，兩位飛行員在黯淡的燈光下，依照儀錶的指示操縱著飛機飛往里斯本，他們預計在當地清晨時分抵達目的地。

飛行手冊裡找不到對策

格林威治時間五點十六分的時候，二三六次班機的儀錶板上首度顯示一個警告訊息：二號發動機的滑油溫度偏低，在這同時滑油壓力卻偏高。對於這兩個同時出現的警告，副駕駛賈葛感到有些迷惑，因為這兩個情況是互相牴觸的：通常滑油溫度低的時候，壓力是不會升高的。

賈葛轉頭詢問皮謝，想瞭解皮謝有沒有遇過這樣的問題，但是皮謝也被這兩個同時亮起的警告燈給弄糊塗了。他的想法與賈葛是相同的，這兩個警告燈不該同時亮起，他覺得這兩個警告燈中絕對有一個是錯誤的。

然而警告燈既然亮了，做為機長的皮謝必須有些處置。他先讓賈葛將飛行手冊拿出來，在裡面找找有沒有關於這方面的處理程序。但是就如皮謝及賈葛所想的一樣，飛行手冊裡並沒有如何處理這兩個警告燈同時亮起的程序。

既然手冊裡沒有提到這種狀況，皮謝就更覺得那是警告系統的問題，不過為了保險，他吩咐賈葛聯絡公司的維修部門，詢問那裡的機械專家有沒有遇到過這種狀況。然而就像大家所認知的一樣，維修部門的發動機專家也認為滑油溫度低的時候，壓力是不可能升高的，他們也覺得那是一個錯誤的訊息，他們建議賈葛繼續注意發動機的儀錶，看看後續有沒有任何其他狀況發生。

一定有哪裡不對……

這樣又飛了二十分鐘。在五點三十六分時，又一個警告燈亮起，這次是左右雙翼的油箱出現不平衡的狀態。賈葛查看了兩翼油箱的油量之後，向皮謝報告這次的警告並不是誤報：右翼油箱的油量明顯低過左翼油箱。

因為維修部門曾關照過，如有任何新的狀況都要向他們回報，所以賈葛接著也將左右兩翼油箱不平衡的狀態向維修部門報告。維修部門與兩位飛行員經過簡單的討論後，決定按照飛行手冊的指示，把左油箱的油灌注到右油箱，來保持飛機的平衡。

皮謝於是讓賈葛將飛行手冊翻到油箱交互注油（Cross-Feed）的那一章，由賈葛將交互注油的手續讀出。皮謝隨著那些手續將左右雙翼間的交互注油瓣打開，把左翼油箱的燃油灌注到右翼油箱。

打開了油箱交互注油瓣，雙翼油箱油量不平衡的警告燈熄滅，兩位飛行員覺得這一波的不正常狀況已經解決，一切都回復正常。

雖然座艙裡的警告燈除了滑油的壓力及溫度之外，均已熄滅，但是皮謝總覺得有什麼地方不對勁。他轉身請賈葛再對燃油的消耗量及存量做一個計算，看看是否有足夠的油量飛到他們的目的地。

快沒油了，而且是在海洋上

五點四十五分時，賈葛根據當時飛機與里斯本的距離和剩餘油量，計算出來飛機已沒有足夠的油量可以飛到目的地。他看著所得的結果，只覺得頭皮一陣麻。

「機長，我們只剩下一萬五千磅的油，已經不夠飛到里斯本。這是我所計算的數目，你要不要檢查一下？」

皮謝沒說什麼，但是賈葛的話卻讓他驚覺到，自己遇到了每一個飛行員最不願意面對的狀況：在大西洋上空，燃油即將用罄！

「通知航管，將我們狀況報出，要求轉降到德綏拉島上的拉捷斯空軍基地（Lajes Air Base, Terceira Island）。」皮謝雖然焦急，然而他還是很鎮定的在腦海中盤算了一下，當時最近的機場該就是亞速爾群島裡面，位在德綏拉島上的那個葡萄牙空軍基地。於是他指示賈葛下一步該做的動作。

航管很快的批准了二三六班機轉降的請求。就在飛機開始轉向德綏拉島時，皮謝由飛機上的導航資料及左右兩個油箱的存油量計算，等他們在那個小島降落時，油箱內應該還剩下兩千磅的燃油。

皮謝機長將整個情況從頭在腦海裡想了一遍，他覺得飛機一定在哪個部位漏油了。但是，漏油的地點是哪裡呢？儀錶板上並沒有任何儀器可以偵測出油是由哪邊漏掉的，而他唯一可以想到的方法就是目視檢查。於是他請座艙長拿個電筒由客艙的窗口去檢視，在機翼及發動機四周有沒有任何漏油的跡象。

在座艙長去做目視檢查的時候，皮謝也把油箱交互注油的左翼幫浦關掉，同時將右翼油箱幫浦打開，這樣就可以將右翼油箱的油同時供應左右兩具發動機。因為他由種種的跡象判斷，油一定是從右邊的發動機或是油箱所漏掉的，將右翼油箱的油回注到左油箱，至少可以保留一些油料，避免右油箱的油全部都漏掉！

準備海上迫降！

五點五十四分，座艙長在目視檢查機翼及發動機之後回報，她沒有看到任何漏油的跡象。皮謝機長聽了點點頭：沒看見不代表沒有發生。他看了一下油量錶顯示，油量只剩下一萬磅了，按照這個情形下去，皮謝沒有把握剩下的油料能讓飛機撐到德綏拉島。於是他告訴座艙長，飛機有可能會在飛抵德綏拉島之前就用罄燃油，所以她必須立刻回到客艙，通知乘客開始做海上迫降的準備。

座艙長聽了之後愣了一下，她從來沒有遇到過這種情形。以前在訓練時因為知道是模擬的狀況，所以做起來相當鎮定，如今飛機真是可能要在海上迫降，她的心情卻變得相當複雜，但是她並沒有將心中的感受表現出來，只是簡單對皮謝機長說了聲「瞭解」之後，就退出了駕駛艙。

座艙長回到客艙，把所有的空服員找來，將飛機可能會在海上迫降的消息告訴她們，並表示在她用廣播系統將這個消息通知乘客之後，所有空服員都必須前往她們負責的區域，協助乘客把座椅下的救生衣拿出來，穿戴妥當。

那些年輕的空服員何時遇到過這種情況？她們聽了之後，本身就嚇了一跳，在她們還沒反應過來之前，座艙長已經開始用廣播系統宣佈飛機因為油料的關係，可能無法飛抵轉降的機場，所以請乘客們將座椅下面的救生衣取出並穿上。

乘客混亂、空服員大哭

乘客們聽到這個廣播之後，先是難以置信的認為這是個惡作劇，但看到空服員緊張的情緒完全顯示在臉上，才想這大概是個真實的情況。雖然飛機起飛之前空服員曾示範過如何穿上救生衣，但是沒有多少人真正注意，所以一旦真要穿上救生衣時，還真有些手忙腳亂。

有些客人聽不懂英文，要求空服員將廣播內容用葡萄牙語重複一遍，沒想到那位空服員剛用葡語說出：「各位旅客請注意……」之後，就開始放聲大哭，這一來更是引得乘客驚慌失措，整個客艙內一片混亂。

五點五十九分，飛機右翼油箱的存油僅剩兩千兩百磅，左油箱即使存油較多，也只有七千磅左右。皮謝機長將這些數目報回給維修中心時，**維修中心判斷油該是由左邊油箱外漏，因此要求皮謝將油從左邊再回注到右邊油箱。皮謝雖然覺得這個判斷不合理，但是還是順從維修中心的指示將油從左油箱回注到右油箱。然而他很快就決定停止執行這個「不合理」的指示。**

眼看著飛機的燃油所剩無幾，皮謝請賈葛向航管宣佈飛機進入「緊急情況」，要求以最直接的方法將飛機帶往拉捷斯空軍基地。

六點十三分，二三六次班機的右發動機率先因為燃油用罄而熄火，當時飛機的高度是三萬九千呎，距離德綏拉島上的拉捷斯空軍基地尚有一百五十浬。皮謝機長將左發動機的油門推上，希望能保持飛機的空速，企圖在最後一滴燃油用罄之前，能往那個小島的方向多飛一些距離，那時左油箱的存油僅剩一千三百磅。

六點二十三分，賈葛向航管叫出「Mayday! Mayday! Mayday!」，並表示燃油即將用罄。三分鐘後，六點二十六分，左發動機也因油盡停俥。當時飛機的高度是三萬四千五百呎，距離德綏拉島還有六十五浬。

兩具發動機都熄火，客艙裡的燈光跟著熄滅，地板上指示通往緊急出口的藍色小燈及緊急出口上的黃燈隨即亮起。幾分鐘之後，因為發動機熄火的關係，座艙的增壓器失效，供給緊急呼吸的氧氣面罩就由客艙的天花板上落下。

這又在客艙中引起一陣騷動，一群已經驚嚇的不知如何是好的旅客在黑暗中試著將氧氣面罩帶上，沒有想到在正常情況下看起來相當簡單的步驟，在緊急情況下卻引起那麼大的問題。許多旅客因為不熟悉戴掛面罩的方法，而以各種不同的語言發出詢問，空服員們則是扯著嗓子試圖告訴大家正確的方法。還好飛機那時僅是沒有艙壓供應，而沒有真正洩壓的狀況，否則不知多少旅客會因為缺氧而昏厥。

重逾兩百廿公噸的金屬，能在天空飄多久？

飛機上的兩具發動機先後熄火之後，發電機停止發電，飛機上所有電力系統全部失效，這時一具衝壓渦輪（Ram Air Turbine）由機翼下放出，那其實就像是一個小風扇，放出後由風的力量帶動那個小風扇運轉，小風扇再帶動一個小發電機及液壓泵，由那個小發電機和液壓泵所產生的微弱電力及液壓，可以操控飛機的緊急操控系統。

藉著衝壓渦輪所產生的動力，皮謝和賈葛兩人操控著那架五十餘萬磅重的飛機，飄向六十餘浬外的小島。按照空中巴士公司所提供有關那型飛機的性能數據，如果保持每小時三百浬的空速及每分鐘兩千呎的下降率，它的滑翔比是十五比一，也就是說飛機每下降一呎，可以滑翔前進十五呎。

以這個數據來換算的話，飛機兩具發動機熄火時的高度是三萬四千五百呎，在飛機觸地之前它可以前進八十六浬，因此皮謝知道他有足夠的高度可以飄滑到那個小島。

六點三十一分，航管將二三六班機的管制權交給拉捷斯機場塔台，那時飛機的高度是兩萬七千三百呎，距離機場還有三十三浬。為了能早一點目視機場，皮謝要求拉捷斯機場塔台將跑道燈開、關數次，希望能藉著閃爍的功能讓他及早看到機場。

無動力三百六十度迴轉

六點三十六分，飛機在兩萬兩千呎時，皮謝通知拉捷斯塔台他已目視機場。看到機場之後，他知道以他當時的高度，他可以安全的將飛機飄到跑道上。但是飄到跑道僅解決了一半的問題，他必須將高度控制好，不要有進場過高的狀況。

另外就是落在跑道上之後，他必須在跑道末端之前將飛機完全煞住，那才是功德圓滿。以當時兩萬多呎的高度及離跑道頭十浬的距離，皮謝覺得他的高度是高了些，他必須做一些動作去消耗那多餘的高度。

六點三十七分，皮謝通知塔台他將向左做一個三百六十度的迴轉來消耗高度。塔台的管制員雖然知道那架飛機的高度過高，但是卻不敢相信皮謝敢在雙發動機熄火的情況下去做一個三百六十度的迴轉，因為發動機失效後，靠著衝壓渦輪所產生的電力及液壓來操縱飛機是非常困難的事。萬一在轉彎時角度控制不好，很可能就會使飛機失速墜海。

那時塔台還無法目視那架二三六次班機，只能屏住呼吸在雷達上看著飛機在十浬之外的海上開始迴轉。等到四分鐘之後，一圈三百六十度轉完，塔台人員才鬆了口氣，那時飛機的高度降到一萬呎，距離跑道頭八浬，坐在座艙裡的皮謝才覺得飛機已降到一個可以安全進場的高度了。

因為飛機在那時僅有衝壓渦輪所提供的電力和液壓，在這種情況下，放起落架的時間要比正常的時間要多上一倍。所以在六點四十二分，距離跑道頭還有五浬時，皮謝指示賈葛將起落架放下，同時將翼前緣襟翼放下，並開始以S型前進，希望飛機在進入跑道清除區時的高度能在五百呎以下。

太高、太快、太危險……

副駕駛賈葛這時用廣播系統通知客艙的旅客及空服人員，飛機即將在幾分鐘之內落地，那將是一個衝擊力相當大的重落地，所以要大家把安全帶繫緊。座艙長也緊接著要大家用雙臂抓緊前面的椅背，同時將頭緊靠到前面的椅背來避開落地時巨大的撞擊力。所有旅客的神經已經緊繃到了極點，不時有人大聲的祈禱。

塔台那時已經看見了對著機場飄來的空中巴士，雖然說是「飄」著進場，但是塔台藉著雷達上顯示的數據，知道那架飛機不但高度過高，速度也嫌太快，管制員幾乎可以想像到一會兒之後飛機撞毀在跑道上的慘像。

六點四十五分，飛機以兩百浬的速度進入跑道上空，但是因為衝壓渦輪所產生的壓力有限，飛機升降舵的反應較慢，所以飛機一直衝到距跑道頭一千零五十呎的地方，兩個主輪才觸地，在巨大的撞擊力之下，飛機反彈回空中，又飄了一陣子才再度落到跑道上，這次觸地時的撞擊力就比前一次小了許多。

皮謝用力踏下煞車，將這架飛機僅有的液壓力量全部用在煞車上，而也因為衝壓渦輪所產生的電力並不供給防滑煞車系統，所以在皮謝用力踏緊煞車踏板時，所有機輪全被咬死，繼而在高速的摩擦下，輪胎相繼爆破，輪胎的鋼圈就直接在跑道

皮謝機長創下客機滑翔記錄的的驚險之旅

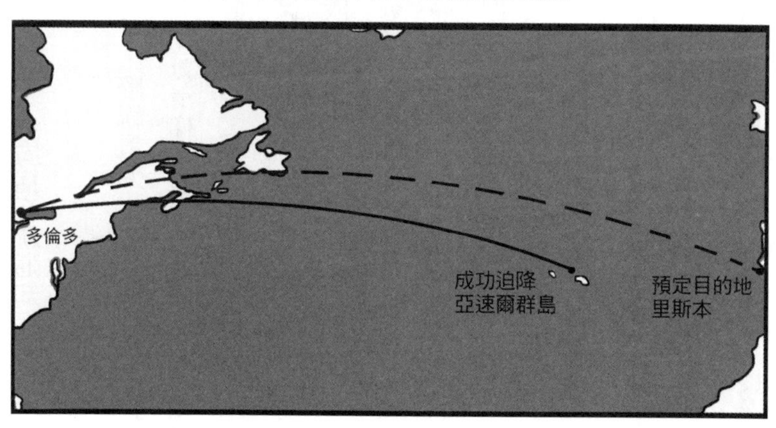

上摩擦。這樣讓飛機減速的很快，皮謝在飛機即將停下之際，立刻用廣播系統通知空服員，預備展開緊急撤出的行動。

飛機總算停妥，機艙裡所有乘客都瘋狂似的大叫、拍手，慶祝這似乎不可能的快樂結局。同時空服員已將飛機所有的機門開啟，啟動緊急疏散的充氣滑梯，但是乘客們彷彿深深沉浸在重生的歡愉裡，並沒有聽到空服員呼叫他們趕緊疏散的指令，直到傳來救火車接近機身的警笛聲，才似乎突然聽到，空服員要他們趕緊由飛機疏散的呼喊，這才開始由幾個緊急疏散口逃離飛機。所有旅客都在飛機停妥後九十秒內由飛機中逃出。

皮謝機長與副駕駛賈葛頓時成為那天的英雄，不斷的有乘客前來與他們握手、擁抱，感謝兩人將他們由鬼門關前救回一命。所有的乘客都在感謝他倆的同時，兩位飛行員卻迫切的想知道，燃油到底是由哪裡漏掉的？到底是什麼原因導致燃油的外漏？

油是這樣漏掉的

不但兩位飛行員想知道答案，加拿大和葡萄牙的民用航空局、飛機製造商空中巴士飛機公司及飛機所屬的越洋航空公司也都急於想知道飛機漏油的原因。

調查員開始檢視那架飛機時，輕易的就在二號發動機的供油管上發現了一個裂口：長達三英吋，寬度有八分之一吋。這麼大的一個裂口在燃油泵加壓下，每秒鐘可以外漏一加崙的燃油！

找到漏油地方的同時，調查人員也發現緊緊靠在那個裂口的旁邊就是一根液壓油管，這兩根管子幾乎是接觸在一起。調查人員覺得，極可能是因為燃油管與鄰近的液壓管太過接近，在飛行中因為發動機抖動的關係，兩根油管不斷摩擦，而導致燃油管破裂。

根據發動機製造廠商勞斯萊斯公司的發動機手冊，那兩根管路之間至少必須保持四分之一吋的間隔。但初步目視檢查時，調查人員很清楚的看到，那兩根管路幾乎就是碰在一起的。進一步調查為什麼那兩根管路會如此接近，導致燃油管在不斷摩擦之下而破裂，調查人員發現了一個典型的「差不多」行為！

原來那架空中巴士A330式客機上原有的二號發動機（裝在右翼下）在五天前的例行檢查時，發現滑油中的金屬粉末過多，這表示發動機的某一部位有過度磨損，於是越洋公司按照規定將那具發動機拆下來檢查。當時公司裡沒有同樣的發動機可以裝上去，所以公司就向引擎生產商勞斯萊斯借了一具同型號的發動機。

借來的那具發動機雖然是同一型號，但是卻還沒有依照原廠的維修通告（Service Bulletin）做過改裝，**所以嚴格說起來並不是完全一樣的發動機**，不過雖然沒有經過改裝，那仍然是一具適合飛行的合格發動機。

公司的建議就是命令，懂？

借來的發動機安裝妥當之後，還要將其他的配用零組件裝上發動機。就在這時維修部門的技工發現他們沒有適合的液壓泵可以裝上那具發動機，因為根據勞斯萊斯廠的發動機規範，**發動機改裝前與改裝後所用的液壓泵不是同一個型號。當時維修廠的庫存中只有可供改裝後發動機所使用的液壓泵，沒有改裝前發動機所需要的那個型號。**

維修部門的技工領班將這個問題向上級反應，並表示要等幾天後才能由原廠取得那個所需要的型號。但是上級的考量卻是飛機在地面多停一天就會讓公司損失不少金錢，**因此強力建議他將庫存中現有的液壓泵，裝上那具發動機。**

公司以賺錢為最終目的，這種「建議」其實就是命令。於是技工領班將上級的這個「建議」記在維修日誌裡，然後就將庫房裡的液壓泵裝上了這具發動機。

液壓泵裝上發動機之後，技工發現液壓油管與燃油管過於接近，於是用力將液壓管向外拉，使兩根管路之間的間隔符合四分之一吋的規定。

技工們沒有想到的是，**在靜態下用人手的蠻力調整後達到最低間隔的標準，並不代表發**

動機運轉時兩根管路之間的間隙會維持不變。當發動機開始運轉、液壓泵將三千磅的液壓油經由管路送出時，那根液壓管在巨大的壓力下回復原狀，碰觸到旁邊的燃油管，再經過一段時間的摩擦，燃油管終於在那天夜裡於大西洋上空破裂！

飛行員是否要負責？

找出導致油管破裂的元兇之後，調查人員並未就此停止。他們繼續探討飛行員在這次事件中所該負的責任。調查人員認為，兩位飛行員未能即時判斷出左右兩翼油箱燃油不平衡的原因是漏油所導致，這錯誤的判斷也是造成飛機在空中油盡停俥的原因之一。

調查人員根據黑盒子的資料發現，那個供油管是在四點三十八分就因破裂而開始漏油，但是座艙儀錶卻在五點三十六分，幾乎是一個鐘頭之後，才發出警告兩翼油箱的存油量有著相當的差距。皮謝當時的處置是按照飛行手冊的指示將油箱交互注油瓣打開，將左油箱的油灌注到右油箱。

調查人員認為雖然這是飛行手冊上的指示，**但是皮謝應該警覺到右翼油箱中的油突然減少了一萬多磅，該是嚴重漏油所引起的**，那時最不該做的就是將左油箱的油灌住到右油箱。調查人員覺得，如果那時皮謝沒有將油箱交互注油瓣打開，那麼飛機不會在飛抵德綏拉島之前就將燃油用罄。

幸好最後是圓滿的結局

整個調查結束之後，越洋公司因為沒有按照規定將正確的液壓泵裝到發動機上，被加拿大民用航空局罰了二十五萬加幣的罰款，是當時加拿大航空史上最大的一筆罰款。

空中巴士公司在這次意外事件之後，將飛機上的操控軟體做了一些修改，日後如果飛機任何一邊油箱的存油量，低過原本油量減去發動機所消耗的油量時，飛機上的電腦將會提醒飛行員可能有漏油的情況發生，這樣就會避免飛行員貿然啟動油箱交互注油的動作。

雖然失事調查報告上指出飛行人員也犯了相當的錯誤，但是國際飛行員協會卻在次年（二〇〇二年）公開表揚皮謝及賈葛兩人，因為在世界民航史上，從來沒有任何人曾將那麼大的一架飛機在空中飄滑那麼久的時間及那麼遠的距離。除此之外，更重要的是，他們化解了這個可能讓幾百人喪生的悲劇。

幸運女神站在他的肩頭後方

不過，皮謝知道，在他盡人事的當兒，也需要點運氣：那天當他飛離加拿大海岸，進入大西洋上空時，航管人員曾因航路上的飛機擁擠，而讓他向南偏了六十浬，使得他們比較接近亞速爾群島。因此，那六十浬是讓這整起事件能有著完美結局最重要的因素！

附錄

黑盒子

通常在飛機失事之後，失事調查小組到達失事現場之後，第一個要找的就是俗稱「黑盒子」的飛行記錄器（Flight Data Recorder, FDR），因為那個裝置裡面記錄了飛機在失事之前幾個小時（每個廠家的記錄時間不盡相同，不過大約總在十七小時到廿五小時之間）的飛行狀態記錄。失事調查人員可以根據黑盒子裡的資料，瞭解飛機失事瞬間和失事前那段時間裡，飛機的飛行狀態及機上各種系統的運作情況等。

國際民航組織及美國聯邦航空總署都有相關的規定，要求所有民航機上都裝有飛行記錄器。根據美國聯邦航空總署對飛行記錄器的最低要求，有八十八項飛航資料（其中重要的幾項包括：飛行速度、高度、航向、飛機狀態、飛操電腦資料、發動機轉速及推力等資料）是必須被記錄在馬達所帶動的多條磁帶上（二〇〇二年之前僅有廿九項資料是必須記錄的）。

雖然被稱為「黑盒子」，但是為了在殘骸中容易被發現，這個裝置卻是被漆成鮮豔的橘紅色，而且是被安裝在空難時最常被完整保留下來的飛機尾部。飛機失事後，飛行記錄器會發出406MHz及121.5MHz的緊急電波訊號（ELT, Emergency Locator Transmitter），搜救人員可以藉著接收器收到這個訊號後，找到飛行記錄器。

為了能在飛機失事時的強力撞擊下保存下來，飛行記錄器必須通過防火防震的考驗。根據美國聯邦航空總署的規定，它必須能忍受攝氏一千零九十度的火焰中燃燒卅分鐘，並能承受相當於三千四百個G的重力之撞擊。

由於地球表面大部分是由水所覆蓋，因此也必須在飛機墜海之後，能承受相當於海底兩萬呎下的水壓。同時為了方便海面下的搜尋，也在它的外部加裝了一個圓筒型的蜂鳴器，只要一碰到水，水分會使其線路發生短路而啟動，蜂鳴器將會發出37.5KHz頻率的鳴叫持續卅天。除此之外，為了防止記錄器內磁性記憶遭到電流或磁場破壞，飛航記錄器也要具備抗外界電流、磁場的防護能力。

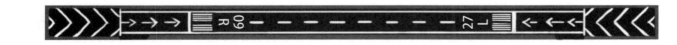

座艙通話記錄器（CVR, Cockpit Voice recorder）

座艙通話記錄器與飛行記錄器可以裝在同一個裝置內，也可以分開成兩個各自的裝置，座艙通話記錄器上的四條音軌分別記錄飛行員與航空管制員的通話，正、副駕駛員之間的對話、機組員對乘客的廣播，以及駕駛艙內各種聲音（引擎聲、警報聲）。記錄的時間是二小時，錄完後，會自動倒帶從頭錄起，若發生空難，失事之前的兩個小時內座艙中所有的通話及各種聲音會被完整保留。座艙通話記錄器的防震與防火功能與飛行記錄器完全一樣，也裝有飛機失事後發出緊急訊號的ELT發報器。

跑道編號

機場跑道是根據它們的磁方位角而被命名，這個方位角同時指明了那條跑道的使用方向。

例如27號跑道則是向西的跑道（西方是270度）。如果跑道的方位角度最後一位數不是0

（如268度），那麼則用四捨五入的方法將最後一位數字省去（如跑道的磁方位角是268度，那麼該跑道就是27號跑道，反之263度磁方位角的跑道則是26號跑道）。

因為飛機通常都是逆風起飛與落地，所以在風向改變時，有可能會由反方向起飛或落地，所以一般跑道在兩端會有兩個不同的數字名稱。而一條直線的兩端是相差180度，所以只要將其中一條跑道的數字名稱上加或減18，就能得到跑道另一方向的名稱，例如「12號跑道」相反方向便是「30號跑道」。

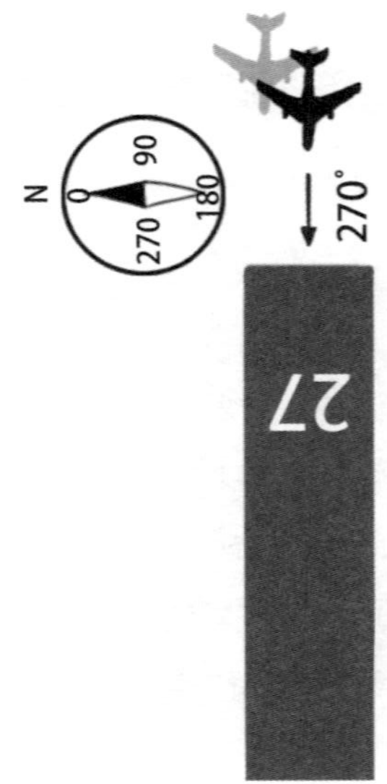

如果某機場有超過一條方向相同的跑道，它們便會在數字之後加以「L」、「R」來區別，分別代表左（Left）和右（Right）。例如「09L」及「09R」指兩條互相平行，方位角都是90度的跑道。

一般在航空術語上對跑道的稱呼都是一個數目一個數目的唸，如15L跑道在英語對話時會叫作「Runway One Five Left」，而不是「Runway Fifteen Left」，也不會省去數目前面的0，所以09R跑道在語航管通話時是稱為

「Runway Zero Nine Right」。

航線五邊

其實在英文中沒有所謂的「三邊」、「四邊」及「五邊」，這是最初為了方便起見，將西方的本場航線（Airport Traffic Pattern）中的幾個部分：Departure（一邊）、Crosswind（二邊）、Downwind（三邊）、Base Leg（四邊）及Final（五邊）直接用數目字代替了原有的文字。

原文的每一個字都有它的意義，但是在中文裡，那幾個數目字除了簡化了與航管之間的通話，卻無法顯使出它在航線中的含意。

在此簡單的將這幾邊的定義加以說明：

一邊：Departure，飛機逆風加速從跑道起飛後的方向稱為「一邊」。

二邊：Crosswind，第一個九十度轉彎（左轉或右轉，視機場狀況）後的方向稱為「二邊」。

三邊：Downwind，第二個九十度轉彎後的直線邊（與一邊平行但方向相反）是「三邊」。

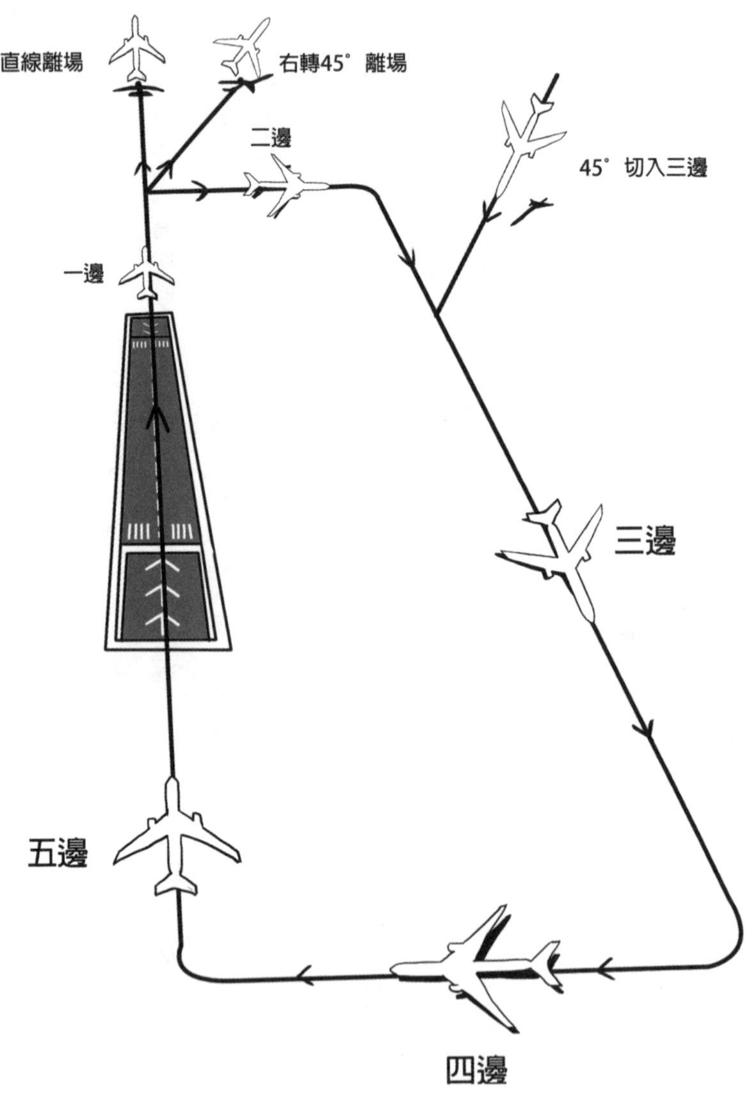
直線離場
右轉45° 離場
二邊
45° 切入三邊
一邊
三邊
五邊
四邊

邊」。

四邊：Base，第三個九十度轉彎後的直線邊（與二邊平行但方向相反）是「四邊」。

五邊：Final，第四個九十度轉彎後的直線邊（正對跑道方向）稱為「五邊」。

空速

一般騎過機車或是開過車子的人都對「速度」有個基本概念，那就是在一小時內走了多少距離，這就是我們所謂的「時速」。

無論是機車或是汽車，計算速度的方法比較簡單，就是計算在一小時內車輪轉了多少圈，因為車輪所轉一圈的距離是一個已知長度，算出一小時輪子轉多少圈就可以算出車子的「時速」。

這個方法對飛機就不適用，因為飛機在飛行的時候並沒有「輪子」與地面接觸，所以科學家就選擇了與飛機直接接觸的「空氣」來測量飛機的速度。

當飛機在空氣中快速移動時，飛機會感受到四周有一股強烈的風，就像車子以一百公里的時速在高速公路上奔馳時，如果將窗戶打開，你會感覺到有股時速一百公里的風。

科學家根據這個原理設計了一個裝備（如後頁圖），將飛機所面對的風由一根管子通到一個可伸縮的風箱，強烈的風被引到那個風箱裡面之後，會導致風箱膨脹，風箱頂端接著一個指針，會根據風箱的伸縮而移動，那個移動的指針所指示的就是當時的風速，這個裝備就是最簡單的飛機空速錶。

而飛機的空速，與一般人所想的「速度」還有個很大的差別。在一般人的印象裡，開車以時速一百哩的速度前進，那麼一個鐘頭之後，一定前進了一百哩的距離。但是因為飛機在空中飛行時受風的影響很大，一架飛機以兩百哩的空速在飛行時，如果當時正好有五十哩的逆風，那麼一個鐘頭之後，這架飛機只前進了一百五十

空速管

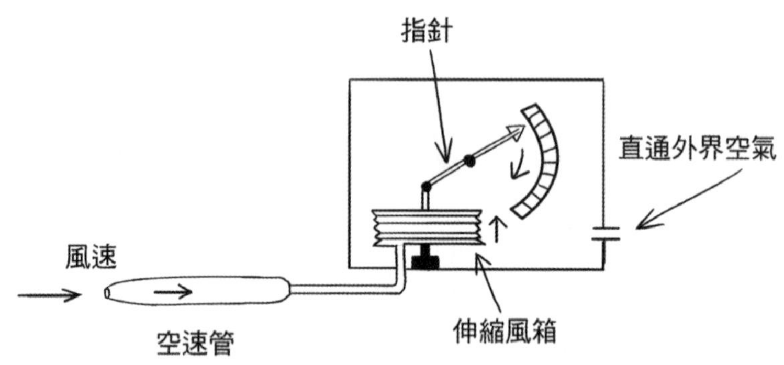

飛機飛行時，空氣經過空速管，被引導到伸縮風箱內，伸縮風箱的外面是飛機週遭的空氣，當伸縮風箱受到強大的風壓，會開始膨脹，這導致接在風箱上面的指針開始移動，那個指針所指示的就是當時飛機的空速。

哩。反之，如果所面對的是五十哩的順風，那麼一個鐘頭飛機就可以前進兩百五十哩的距離。

根據前一段所說的，我們可以得到一個結論：那就是飛機飛行時與空氣之間的相對速度是所謂的「空速」，而飛機與地面的相對速度我們稱之為「地速」。用前面一段的例子來說，那架飛機在順風或逆風時的空速都是兩百哩，但是那架飛機的「地速」在順風時是兩百五十哩，逆風時卻只有一百五十哩。

而飛機所面對的風速會隨著空氣的溫度及壓力而改變。當飛機逐漸爬高時，這種改變尤其顯著。在兩萬呎的高度，空氣的密度還不到海平面的一半，在這種空氣稀薄的情況下，飛機要飛的更快才能有足夠的空氣分子進入那個伸縮風箱，讓那個風箱膨脹到與飛機在海平面時的同樣程度。所以當兩架飛機的空速同樣顯示是兩百哩時，在高空那架飛機的「地速」要比在低空那架飛機的「地速」要快。

航空工程裡，對空速的講述還包括了「指示空速」及「真空速」，前面的解釋就是所謂的「指示空速」，真空速是將飛機當時高度的氣壓，換算成海平面的氣壓而所得的空速。在解釋那些名詞時都要引用相當深奧的數學公式。這裡我僅是以最簡單的文字將這 個概念陳述給大家，希望對讀者在閱讀本書時能有些幫助。

近場台

近場台是在美國稱為TRACON（Terminal Radar Approach Control），其中包括了進場管制（Approach Control）與離場管制（Departure Control），當飛機起飛之後，管制權由機場塔台交給離場管制，離場管制負責將飛機引導到海拔二萬呎以上，並進入航路之後，飛機的管制權就交給區域管制中心（Area Control Center），區域管制中心則是負責管轄航路上的所有飛機，當飛機到達目的地附近，開始下降，當高度降到兩萬呎時，飛機的管制權就由區域管制中心交給進場管制，進場管制將飛機引導到機場附近，再將管制權交給機場塔台，機場塔台繼而引導飛機降落在跑道上。

雖然進場管制和離場管制的名稱不一樣，但是他們都是同一性質的管制席位，是協調飛機起飛後到巡航高度（離場管制）或從巡航空層下降到和到離場飛機不會相互碰撞又或者是過分接近。

感謝名單

在撰寫本書期間，我曾向許多航空專業的朋友們詢問有關飛機飛行時的技術問題，及一些飛行專有名詞的中文名稱，他們都不厭其煩的將那些細節仔細的解釋給我聽。還有一些非航空專業的朋友，他們在我每完成一篇文稿後，作為第一批的讀者，以非專業的角度去讀那些故事，讓我確定沒有這方面背景的讀者，也可以了解書中的每個故事。我要在此對他們表示我由衷的謝意，沒有他們的協助，這本書不可能問世。

以下名單以姓氏筆劃排列：

卜君力　美國華人飛行協會會員

田定忠　前空軍F-104飛行員

江天錚　前民航局航管組組長/區域管制中心主任
林建戎　交通部民航局測試機飛行員/飛航安全檢查員
周燕弘　波音747機長
高立川　空中巴士A350機長
翁嘉民　ATR-72機師
張台驊　MD-82機師
國樸　前空軍雷虎小組領隊
黃鼎鈞　波音777機師
魯國明　矽谷晶片設計工程師
顏闓運　MD-82機長

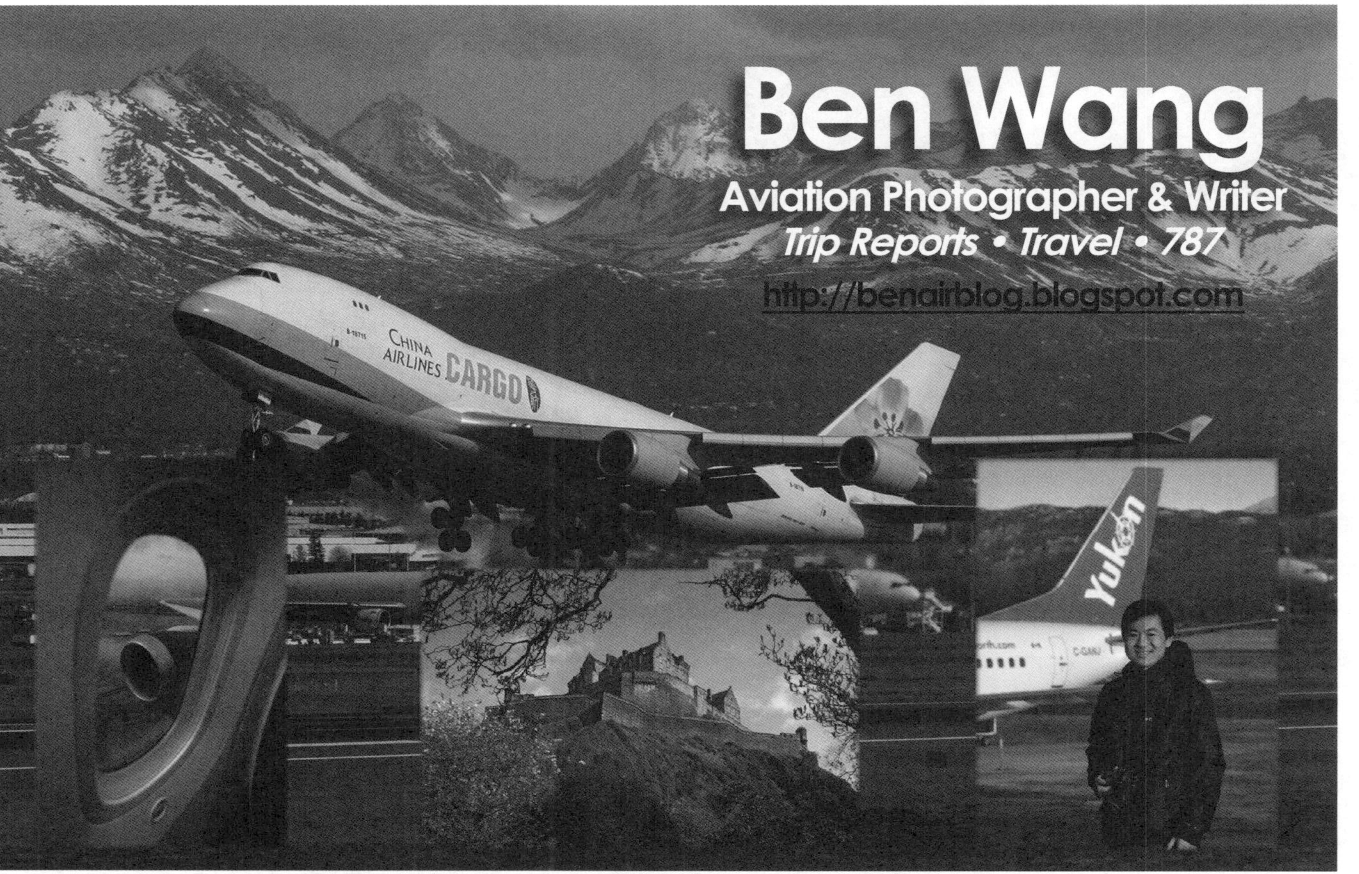

本書部分彩圖由Ben Wang慷慨提供。他是美國洛克希德馬丁公司的航空工程師，與本書作者為同事，兩人曾在工作上交會。他的部落格http://benairblog.blogspot.tw/內有豐富的搭機紀實、環球旅程訊息、航空公司787首航體驗、太空梭發射現場見證等資訊。他也是全球最大民航相關網站www.airliners.net上的主要照片提供者之一。

本書部分彩圖由 Ian Heald 提供。他是以英國為基地的專業攝影工作者，擁有大量軍用機／民航機／旅遊／風景照片，可供商業或個人用途。相關的照片資訊或聯絡方式歡迎參閱以下網站。

https://www.flickr.com/photos/ianheald/
http://www.airliners.net/user/bobbinz/profile/photos
http://www.airplane-pictures.net/photographer.php?p=10539

Ian Heald is an UK based professional photographer who owns a huge trove of civil aviation/military aviation/travel/scenery photographs for commercial and personal use. Follow or contact Ian Heald at the following:

https://www.flickr.com/photos/ianheald/
http://www.airliners.net/user/bobbinz/profile/photos
http://www.airplane-pictures.net/photographer.php?p=10539

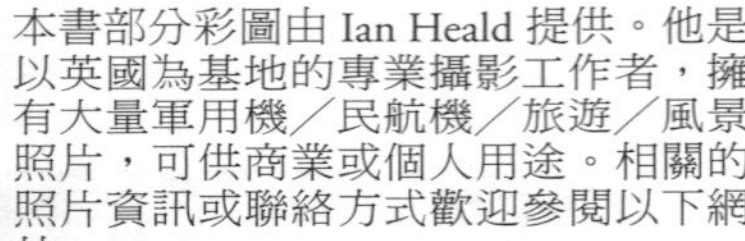

NOREBBO

SIDE-VIEW AIRCRAFT TEMPLATES

網站www.norebbo.com是由美國藝術家 Scott 所設立並維繫, 提供大量電腦繪圖、3D影像、旅遊資訊、航空公司評賞訊息, 可供 商業及個人使用。進一步資訊可逕洽該網站或追蹤部落格及IG: www.norebbo.com 或www.sanspotter.com 或Instagram (@sanspotter).

Scott is an aircraft illustrator and livery designer who creates detailed side-view airliner templates for commercial and personal use. His templates are available for download on www.norebbo.com in JPG, PSD, and EPS (vector) format.

Follow Norebbo on Instagram, Twitter and Facebook: @norebbo

國家圖書館出版品預行編目資料

飛航解密：美國航太專家關於飛航安全、訓練與管理的大解密 / 王立楨著. -- 初版. -- 臺北市：遠流, 2017.08
面； 公分
ISBN 978-957-32-8018-7(平裝)

1.航空運輸管理 2.航空安全

557.93 106009064

飛航解密：美國航太專家關於飛航安全、訓練與管理的大解密

Mayday! Mayday! Mayday! Aviation Safety and Accident Investigation: an Expert's View.

作　　者 王立楨
特約編輯 鄭懷生
內文構成 陳健美
封面設計 李東記
內文繪圖 黃祿翔
行銷企劃 李雙如

發行人 王榮文
出版發行 遠流出版事業股份有限公司
地址 臺北市南昌路2段81號6樓
客服電話 02-2392-6899
傳真 02-2392-6658
郵撥 0189456-1
著作權顧問 蕭雄淋律師

2017年08月01日 初版一刷
定價 平裝新台幣300元（如有缺頁或破損，請寄回更換）

ISBN 978-957-32-8018-7
YLib 遠流博識網 http://www.ylib.com E-mail: ylib@ylib.com

本書作者與出版團隊謹向下列人士致誠摯謝意，因他們慷慨提供相關照片，使本書增色。
The Author and Publisher of this book wish to thank the following individuals who very much generously contributed their exquisite aviation photos to make this book possible. They are, in alphabetical order, 卜君力、林建戎、高立川, Robert M. Campbell, Wayne Campbell, Robert Domandl, Alejandro Drigani, Vincent Edlinger, Ginette Gauthier, Augusto Gomez Rojas, Udo Haafke, Ian Heald, Markus Herzig, Bill Hough, Miklós Jásdi, Soós József, Marlene Leutgeb, Pascal Maillot, Ludwig Meyer, Stéphane Mützenberg, Marek Novotný, Tim Perkins, Robert Piché, Scott Leazenby, Hajime Suzuki（鈴木一）, Gary Vincent, André Wadman, Ben Wang, Mehrad Watson, and Darren Wilson.